PARLEZ-VOUS QUÉBÉCOIS ?

Dans la collection

LE JEU DES MOTS

aux Éditions D'Orbestier :

Parlez-vous bistrot ?

Parlez-vous argot ?

Parlez-vous le patois de Paris ?

Parlez-vous nantais ?

Parlez-vous chaumois ?
(Les Sables-d'Olonne - Vendée)

Parlez-vous québécois ?

Collection créée avec le soutien de la région des Pays de la Loire.

Couverture : Adékwat/Photodisc.

ISBN : 978-2-84238-105-9 (91-1-20)

 Dépôt légal 4e trimestre 2007 (91-1-20)

41, avenue de la Vendée - 85 180 Le Château-d'Olonne - France

Tél. 02 51 21 51 38 - Fax 02 51 21 14 10 E-mail : contact@dorbestier.com **www.dorbestier.com**

PARLEZ-VOUS QUÉBÉCOIS ?

Claire Armange

ÉDITIONS D'ORBESTIER

JE FAIS PAS MA BABOUNE MAIS JE JOUE PAS DE RUINE-BABINES DANS CE BERDI-BERDA PAR EXEMPLE.
Je ne boude pas mais il n'est pas question que je joue de l'harmonica dans ce tintamarre.

Résiste !

Nous sommes au début du troisième millénaire après Jésus-Christ. Tout le Canada est anglophone. Tout le Canada ? Non ! À l'instar de ce petit village d'irréductibles Gaulois dont Astérix et Obélix sont les représentants les plus *people* en France, il existe en Amérique une province qui résiste elle aussi à l'envahisseur. Depuis près de quatre cents ans le Québec affirme son français face à la langue de Shakespeare. Certes il s'agit d'un français un peu particulier, tout comme la langue anglaise parlée par les Américains d'ailleurs, Shakespeare y perdrait son... latin ! Entre le Canada et les États-Unis, face à son histoire et à l'hégémonie de l'anglais dans le monde, le Québec - modeste enclave dans un vaste territoire anglophone - a le mérite d'avoir su conserver, de haute lutte, son identité francophone.

Ça n'a pas été simple et ça ne l'est toujours pas.

En 1534, Jacques Cartier prend possession du Canada au nom du roi de France.
En 1759, la ville de Québec capitule face aux Britanniques lors de la bataille des plaines d'Abraham.
En 1760, c'est au tour de Montréal de céder.

En 1763, Le traité de Paris établit le pouvoir britannique sur tout le Canada, c'est la fin du régime français en Nouvelle-France.

Écrasés par la domination anglaise, les Québécois vont faire front en adoptant une attitude défensive vis-à-vis de leur langue pour éviter qu'elle ne se pervertisse, emportant avec elle leur identité francophone. Humiliés par les anglophones qui encensent « le français de Paris » - *french parisian* - et méprisent leur « français dénaturé », les Québécois se défendent en réfutant la langue de la mère patrie, allant jusqu'à glorifier leur français, arguant qu'il est le seul à être resté pur. Pourtant la pression anglophone est la plus forte et la langue se détériore sans pouvoir, qui plus est, éviter les anglicismes.
« Le plus grand et le plus irrémédiable malheur pour un peuple, c'est d'être conquis. » dira Alexis de Tocqueville en 1831, constatant l'étendue des dégâts après avoir entendu plaider deux avocats de la ville de Québec.

En 1960 commence la Révolution Tranquille qui durera une bonne dizaine d'années. Période de bouleversements profonds, de réformes, de libération des mœurs et d'ouverture sur le monde, qui permet à la société québécoise de s'affirmer en entrant dans la modernité. Le Québécois francophone se met à revendiquer le joual dont Paul Chamberland donne la définition suivante : « Contraction du mot cheval, le terme “joual” n'est ni un dialecte, ni un patois, ni un argot, ni un jargon, encore moins une langue. Le joual est une “sous-langue”, il est par nature confusion, appauvrissement, privation, désagrégation. » Reflet de l'aliénation d'un peuple colonisé, le joual devient une arme politique exprimant la rébellion du dominé francophone face au dominant anglophone. Révolutionnaire pour les uns, le joual est pour les autres un miroir aux alouettes qui donne à l'humilié l'impression de résister. Isolé au milieu d'une masse anglophone qui menace de l'engloutir, le Québécois francophone doit également faire face à un sentiment d'infériorité en justifiant de la qualité de sa langue comparée à la norme internationale du français standard. Le combat est douloureux.

En 1967, du balcon de l'hôtel de ville de Montréal, le général de Gaulle lance un mémorable : « Vive le Québec libre ! Vive le Canada français ! » Pour les Québécois francophones, c'est un encouragement aux revendications indépendantistes.

En 1977 la ténacité du Québec dans sa lutte pour défendre sa langue est couronnée politiquement par l'adoption de la Charte de la langue française (plus communément appelée loi 101), qui impose le français comme langue officielle.

Qu'en est-il aujourd'hui des irréductibles Québécois ? Ont-ils trouvé la potion magique qui réglerait le difficile problème de la langue ? Le joual reste encore très utilisé dans les régions mais, en perdant en partie son caractère provoquant et politique, il est beaucoup moins porteur du sentiment d'appartenance. La langue du Québec francophone tend à se rapprocher de plus en plus du français standard. Le lien avec la France a un rôle à jouer face à l'américanisation des jeunes générations qui connaissent beaucoup moins que leurs aînés l'ancienne mère patrie.

Depuis quatre siècles ces « cousins » d'Amérique se battent pour conserver leur langue malgré la peur de disparaître dans l'indifférence générale. C'est un exploit dont ils peuvent être fiers.

C A

Note de l'éditeur

Ce glossaire contemporain, sans prétention lexicographique savante, ne se veut pas exhaustif. Il ne peut rendre compte de toute l'expression francophone au Québec. Les locutions varient d'une région à l'autre.

Cet ouvrage répond à une volonté de témoigner de la vigueur et de l'inventivité de la langue québécoise telle qu'elle se parle aujourd'hui avec son mélange d'ancien français ou de français vieilli, ses emprunts, conscients ou non, à la langue anglo-américaine et sa propre créativité. Il illustre ses différences avec le parler français de France, actuellement envahi de mots anglais qu'il importe volontairement contrairement au québécois.

L'auteure a tenté de rendre compte de l'accent et de la prononciation des mots et expressions, si savoureux pour les Français, de manière la plus simple possible dans une transcription phonétique qui soit compréhensible par tous. Elle souhaite que le lecteur curieux ou l'amoureux de la Belle Province, en lisant ce livre dans la collection « Le Jeu des mots », cède au plaisir de découvrir ou de retrouver des expressions pleines de saveur, porteuses d'images qui l'ont elle-même amusée et touchée.

Tiens-toi prêt Justin et cale-toi contre Mathis, je lance la luge, ça va filer à toute vitesse.

Testez vos connaissances

Que signifient ces expressions québécoises ?

Maudits Français.
Accouche qu'on baptise !
Beauté fatale quand je te vois je pédale.
Être téteux, tarla, tata.
Turluter la dernière toune à succès.
Faire du diguidi ha ha.
Capoter ben raide.
Avoir les mains pleines de pouces.
Cogner des clous et fourrer le chien.
Être un baise-la-piastre, un Bébé Lala, un suceux de balustre.
Faire du bardi-barda et de la chaise branlante.
Branler dans le manche.
Sucer des suçons et faire des sucettes.
Utiliser une débarbouillette et être une agace-pissette.
Avoir un beau bazou.
S'enfarger dans les fleurs du tapis.
Envoyer quelqu'un sul'bonhomme.
Mettre un cass de poèl parce qu'il fait frette en maudit.
Avoir une face à fesser dedans ou fesser dans le dash.
Avoir la guédille au nez.

Lâcher un wack et se lâcher lousse.
Se faire des lulus dans les cheveux.
Se faire bouffer par les maringouins mais ne pas manger ses cordons de bottines.
Parler avec une patate chaude dans la bouche ou avoir la bouche molle.
Avoir soif comme un trou à sink.
Sentir le swing et swing la bacaisse dans l'fond d'la boîte à bois.
S'habiller en pelures d'oignons.
Péter sa coche, piquer une fouille.
Se pogner le cul ou le beigne.
Mettre la musique dans le prélart.
Aller voir une vue pour crouser les pitounes.
Être atriqué comme la chienne à Jacques…

Si tout cela ressemble pour vous à du chinois parlé par une vache espagnole, les pages qui suivent vous invitent à découvrir la richesse imagée, souvent drôle et poétique, de la parlure québécoise.

A

A: 1 – Elle. « A vient-tu avec nous z'ôtes? » (est-ce qu'elle vient avec nous?) 2 – Ce. « A soir j'ai une veillée avec mes chums » (ce soir, j'ai une soirée avec mes potes). 3 – Dans la langue parlée, le « e » se prononce « a » dans certains mots. *Couverte* se dit *couvarte* par exemple.

À: de. « C'est les bobettes à Pierre » (c'est le caleçon de Pierre).

A-1: [prononcer *eille ouane*] (angl.) C'est parfait, irréprochable. De très bonne qualité. « J'ai lu ton rapport, c'est A-1. » Variante: numéro un, number one. Quand c'est number one, c'est très bon, quand c'est A-1, c'est encore meilleur, le top du top!

Aboutir: finir. « Chu tanné de c't'affaire-là, faut aboutir » (j'en ai ras de bol de cette histoire, il faut en finir).

Aboyer à la lune: perdre son temps à essayer l'impossible, souvent en se plaignant de ne pas obtenir ce qui est désiré.

Abreuvoir: 1 – Borne-fontaine. Distributeur d'eau potable placé dans les lieux publics. Ne vous attendez pas à y trouver des caribous, des ours ou des ratons laveurs venus s'y désaltérer sur fond de soleil couchant. Ce dispositif commandant un jet d'eau - généralement réfrigéré - est réservé aux humains... même s'il est vrai que parfois quelques écureuils égarés y pataugent. Voir *borne-fontaine.*

Abus physiques: mauvais traitements, sévices corporels. **Personne abusée:** personne violentée, maltraitée, violée.

À cause?: pourquoi? « À cause tu dis ça? » **À cause que:** parce que.

Accommoder: (angl. *accomodation*) accueillir, loger, héberger. « Pour le parté la salle peut accommoder au-delà de trois cents personnes » (pour la fête la salle peut accueillir plus de trois cents personnes).

Accommoder quelqu'un: lui rendre service, l'aider.

Accomplir mer et monde: surmonter d'énormes difficultés. C'est ce qu'ont dû réaliser les premiers colons qui, après avoir bravé les mers, espéraient peut-être se la couler douce sur les plages américaines… mais c'est qu'il restait encore tout un Nouveau Monde à découvrir! La brochure du voyagiste n'en faisait probablement pas mention, où alors en tout petit, sous l'astérisque.

Accordant: accommodant.

Accorder comme chien et chat (s'): se disputer sans cesse. **Accordez-vous donc c'est si beau l'accordéon:** mettez-vous d'accord, cessez de vous disputer. Se dit en particulier à des enfants qui se chamaillent.

Accotable: facile à égaler, à dépasser. Possibilité de rivaliser avec. « C't'une pas vite, en nounounerie elle n'est pas accotable » (c'est une sotte, en stupidité elle est championne). « Au badminton il n'est pas accotable » (au badminton il n'est pas égalable).

Accotage: concubinage. **Être accoté, s'accoter ensemble**: vivre en concubinage.

Accotoir: 1 – Accoudoir. « Ôte-toé don de su moé, chu pâs un accotouère! » 2 – Ce qui sert à soutenir, à retenir quelque chose.

Accote-pieds: pouf.

Accoter: 1 – Appuyer, poser contre, soutenir. « Accote la mope sul mur pour pas qu'a tombe » (appuie la vadrouille sur le mur pour qu'elle ne tombe pas). « Lâche pas, j'accote ton projet » (accroche-toi, j'appuie ton projet). « Son frère l'accote ben dans sa business » (son frère le soutient bien dans ses affaires). **Accoté:** appuyé, accoudé, adossé. 2 – Égaler, se mesurer à, tenir tête à. « On est pas mal de la même force, je l'accote au scrabble. »

Accouche, qu'on baptise : 1 – Pour inciter, avec impatience ou humour, une personne à finir ce qu'elle a commencé à dire. Crache ta Valda ! Accouche ! À noter qu'en France on accouche aussi mais on ne baptise pas ! 2 – Pour secouer verbalement quelqu'un qui traîne à faire quelque chose et l'inciter à aller plus vite. Cesse de tergiverser ! Dépêche-toi !

Accoutumance : habitude.

Accrocher : heurter.

Accroire : croire. **Accroires :** qu'en-dira-t-on. **Faire accroire :** faire croire. « Cette secte a brainwashé l'monde. A faite accroire à ses disciples que l'aura supragalactique de leur grand chef suprême va les purifier. Faut qu't'ailles atteint le niveau trois pour savoir ça. Ça a d'l'air qu'à ce niveau-là t'es rendu assez niaiseux pour croire ça ! » (cette secte a lavé le cerveau des gens. Elle fait croire à ses disciples que l'aura supragalactique de leur grand chef suprême va les purifier. Tu dois avoir atteint le niveau trois pour qu'on te mette au parfum. Il semblerait qu'arrivé à ce niveau, tu es devenu assez débile pour le croire !) **Faire des accroires à quelqu'un :** lui monter un bateau. **Se faire des accroires :** s'illusionner, se faire des idées, imaginer des choses. « Y mémèrent pâs d'toé, c'est des accroires que tu fais » (ils ne médisent pas de toi, tu te fais des idées). **S'en faire accroire** : trop présumer de soi-même, s'abuser sur ses propres capacités.

Achalandage : 1 – Affluence, fréquentation massive d'un lieu. 2 – Résultat de cette action (file d'attente, foule, embouteillage…). « Attention à matin il y a achalandage sur le pont Jacques Cartier » (attention ce matin il y a un embouteillage sur le pont Jacques Cartier).

Achalandé : encombré, très fréquenté, très passant, avec beaucoup d'affluence. « La rue Sainte-Catherine est achalandée le samedi, ça m'tente pas d'voir le monde, on ira magasiner dans la semaine » (la rue Sainte-Catherine est noire de monde le samedi, je n'ai pas envie d'être dans la foule, on ira faire du shopping dans la semaine). Par extension, un « magasin achalandé » signifie « ayant une forte clientèle ».

Achaler: 1 – Déranger, importuner, énerver quelqu'un. « Achâle-moé pâs avec tes histouères, c'est rin qu'des menteries » (ne m'ennuie pas avec tes histoires, ce ne sont que des mensonges). « Les bibittes, ça m'achale » (les bestioles, ça me dérange). 2 – (vieilli) attiser un feu.

Achalant: 1 – Personne dont la présence, les propos ou le comportement importune. « Stie d'achalante, a m'téléphone à tous les jours » (quel pot de colle, elle me téléphone tous les jours) ou, selon le ton employé (quelle emmerdeuse, elle m'appelle tous les jours). 2 – Excitant. « J'me peux pu, y'é achalant en simonac lui, y'é-tu assez beau! » (j'me tiens plus, il me fait un de ces effets lui, il est tellement beau!) **Achalanterie:** agacement, énervement, ennui. Qui cause de la gêne, du désagrément, de la contrariété.

Achalement: (vieilli) fatigue, provoquée principalement par une grande chaleur. **Achalerie:** (vieilli) ennui, embarras.

À chaque fois, jour, semaine, etc.: chaque fois, jour, semaine. « À chaque jour je prends du gruau au déjeuner » (tous les jours je mange du porridge au petit-déjeuner).

Achever: (être en train de) se terminer. « Ça achève. »

Acrage: (d'*acre*, demi-hectare) aire, superficie.

Actualisation: concrétisation.

Adapteur: (angl. *adapter*) adaptateur (de courant).

À date: jusqu'ici, jusqu'à présent, à ce jour. « J'ai croisé un orignal pis des chevreuils dans les Laurentides mais j'ai pas vu d'ours à date. »

Additionnel: supplémentaire. Personnel additionnel.

Administrer un test: faire passer un test.

Adon: 1 – Coïncidence, hasard, chance, coup de pot. « Quel adon! » (quelle veine!) « C'est tout un adon qu'on se rencontre à l'ôte bout du monde! » (c'est une sacrée coïncidence qu'on se retrouve à l'autre bout du monde). « Y'é d'adon, c'pas croyable, y'a gagné un voyage en République » (il a une chance pas croyable, il a gagné un voyage en République Dominicaine). 2 – Talent, don, habileté. « A l'a de l'adon pour la peinture mais pas pour la photo par exemple » (elle a du talent pour la peinture mais pour la photo par contre). **Par adon:** par hasard, par chance. **Ne pas être d'adon:** ne pas être aimable, sociable.

Adonnant: aimable, d'un abord agréable, facile.

Adonner, s'adonner: 1 – Être favorable, pour les éléments naturels. « La marée adonne, c'est l'temps d'aller à la pêche. » 2 – Convenir, tomber, arriver, se présenter (bien ou mal). « Ça adonne bien que t'es là, je voulais te proposer la fin de semaine au chalet. » « Si ça vous adonne » (si ça vous convient). « Ça t'adonne-tu de faire de la planche à neige demain? » (ça te dit de faire du surf des neiges demain?) 3 – Être dans des circonstances propices. « J'irai si ça adonne » (j'irai si les circonstances le permettent). Sous entendu, si le temps permet de faire du surf des neiges - voir exemple précédent. « J'irai si ça m'adonne ». Sous entendu si je n'ai rien d'autre à faire. 4 – S'entendre, se plaire, s'accorder. « Marie-Josée et Patrick s'adonnent bien avec les Gagnon. » **Ça s'est adonné que:** il se trouve (justement) que.

Adresse de retour: adresse de l'expéditeur.

Ad vitam aeternam: notamment employé pour marquer l'exaspération. « L'enfant a pleuré ad vitam aeternam, j'étais pu capab, j'voulais l'crisser par a f'nête » (l'enfant a pleuré sans cesse, je n'en pouvais plus, j'avais envie de le balancer par la fenêtre).

Affaire: 1 – Chose indéfinie. Truc, machin. « C'est quoi c't'affaire dans la valise du char? » (c'est quoi le truc dans le coffre de la voiture?) « C'est quoi c't'affaire-lâ? » (de quoi s'agit-il?) « Y'on pas d'affaire là » (ils n'ont rien à faire ici). « T'as pas d'affaire à » (tu n'as pas à). « Pas d'affaire! » (Pas question! Pas du tout!) 2 – Devoir faire quelque chose. « j'ai affaire à faire mon lavage. » **Être en affaire:** se dit quand les choses vont bien pour quelqu'un, que la réussite lui sourit. « T'as une nouvelle auto? Whaow, t'es t'en affaire! » (Tu as une nouvelle voiture? Whaou, ça roule pour toi!)

Un petit affaire: un petit peu, un brin, un soupçon.

Affiler, effiler: tailler, aiguiser.

Affligé (être): (faux ami) être malade. Affligé du cœur.

Agace, agace-pissette: allumeuse, aguicheuse. Peut également s'employer pour une chose. En voyant passer une voiture dont on a très envie par exemple: « toi mon agace, dès que j'ai mon augmentation de salaire, t'es à moi! ».

Âge (être en): être majeur. **Être âgé dans la vingtainc, trentaine, etc.:** avoir la vingtaine, la trentaine.

Âge d'or (l'): le troisième âge, les retraités.

Agenda d'une réunion: ordre du jour. « Aujourd'hui à l'agenda, le problème du scottowel versus les napkins » (aujourd'hui à l'ordre du jour le problème du sopalin contre les serviettes de table).

Aider: servir, être utile. « Il faut leur aider » (il faut les aider).

Aiguisoir, aiguise-crayon: taille-crayon.

Aiguiser ses skis, patins: 1 – Farter. 2 – Se préparer à une épreuve ou à une activité difficile. 3 – Dans les affaires, se préparer à être compétitif, productif.

Air: Avoir un air d'aller: être épuisé, ne plus avoir d'énergie. Être vidé au point de ne plus pouvoir continuer par soi-même et, comme une bille roule sous la poussée qu'elle a reçue, ne plus avancer que sous l'effet de l'énergie des éléments extérieurs. **Donner un air d'aller à quelqu'un:** lui venir en aide en lui donnant le coup d'envoi. Pousser, encourager quelqu'un pour le faire avancer, démarrer quelque chose. **Prendre un air d'aller:** prendre de l'élan. **Faire de l'air:** se tirer, déguerpir. « Envoye, fa d'l'air! » (Allez, dégage! Tire-toi!) **Frapper de l'air:** n'aboutir à rien, échouer. Brasser de l'air. Ça mouline chez les Français tandis que les Québécois sont plus guerriers pour secouer le vide.

Air de bœuf (avoir, prendre son): être renfrogné, faire une tête d'enterrement.

Aisé (prendre ça): (angl. *take it easy*) Être cool, ne pas s'en faire avec la vie.

Ajouter en plus : ajouter. Pléonasme qui en rajoute vraiment ! **Ajuster :** régler. « Ajuste la tévé, a fait des mouches » (règle la télé, elle fonctionne mal).

À la mitaine : à la main. « Je calcule à la mitaine, sans pitonneuse » (je calcule de tête, sans calculatrice). Pour poser des opérations sur le papier il faut à la fois se servir de sa tête et de sa main. Et si privilégier l'une ou l'autre dans une expression n'était pas anodin ? « Calculer de tête » c'est être dans le cérébral, « calculer à la main » c'est être dans l'action. Or les Français semblent plus théoriques et les Québécois plus pragmatiques. Ainsi cette expression pourrait bien être un reflet assez juste de nos différences. Quoi qu'il en soit, de la tête ou de la main, l'important c'est que le compte soit bon !

À l'année longue : à longueur d'année, toute l'année.

Alcool à friction : alcool médicinal à 70°. Utilisé à des fins thérapeutiques ou en massage calmant pour soulager les muscles et les entorses. Sert également de désinfectant.

All-dressed [prononcer *howldress*] : (angl.) garni. Contenant tous les ingrédients associés à une garniture complète. « Tu la veux à quoi ta pizza ? Trois fromages ? Champignons ? — J'va y'aller avec une all-dressed s'il vous plaît » (je vais prendre une complète s'il vous plaît).

Allège : 1 – Appui, tablette d'une fenêtre. 2 – Seuil de porte. 3 – Libre de toute contrainte, de toute gêne. À l'aise. 4 – Qui est vide, qui n'est pas chargé. 5 – Avoir l'estomac vide. **Revenir allège :** être bredouille.

Allô : salut, bonjour. S'emploie aussi bien au téléphone que pour saluer quelqu'un en chair et en os.

Allophone : immigrant dont la langue maternelle n'est ni une langue amérindienne, ni le français, ni l'anglais.

Allumé : (faux ami) vif, à l'affût de tout, éveillé.

Allumette (gros comme une) : maigrichon. **Bonhomme allumette :** bonhomme en fil de fer. Dessin de personnage fait avec de simples traits, un peu comme dans le jeu du pendu.

Allure (avoir belle, mauvaise, meilleure): (vieilli) avoir bonne, mauvaise, meilleure mine. **Avoir de l'allure:** 1 – Avoir du bon sens, du jugement. « Cette idée a tout simplement pas d'allure! » 2 – Avoir de la classe, du savoir vivre. 3 – Paraître honnête, sérieux, sincère. 4 – (vieilli) Avoir du rythme, de l'entrain, pour qualifier une danse. **Ça a belle allure:** c'est bien. **Ça a ben d'l'allure:** 1 – C'est raisonnable, convenable, pour un prix par exemple. 2 – Être bien, de bonne qualité, pour une chose, un travail. **Ça a pas d'allure:** 1 – Permet d'intensifier. « Y'é fin ça a pas d'allure » (il est gentil ce n'est pas croyable). « Fé frette ça a pas d'allure » (c'est dingue ce qu'il fait froid). 2 – Marque l'incrédulité, la consternation. Ça n'a aucun sens! Variante: ça a pas d'bon sens (ne pas prononcer le s final). **Sans allure:** sans talent, sans jugement, sans classe, sans savoir vivre. « Cet homme est sans allure. »

Altération: retouche, à un vêtement.

Amanchage: mauvaise réparation.

Amanché (bien): 1 – Homme bien monté. Tout est dans le manche! 2 – Femme bien roulée. **Mal amanché:** mal habillé, mal arrangé, mal fichu, tordu.

Amancher: 1 – Affubler, habiller. 2 – Arranger, réparer, régler. 3 – Installer, ajuster, mettre en ordre. 4 – Donner, flanquer. Amancher une claque. **Se faire amancher:** se faire avoir, duper.

Amanchure: ouvrage mal fait, mal arrangé. Affaire incompréhensible. **Amanchure de broche à foin:** 1 – Chose mal organisée, déglinguée, mal conçue. 2 – Personne brouillonne, pas sérieuse.

À matin, à soir: ce matin, ce soir. **Hier à matin, à soir:** hier matin, hier (au) soir.

Ambitionnant: motivant, stimulant. « C'est pas pantoute ambitionnant d'ramasser des fraises avec toé, té manges à mesure! » (c'est pas du tout motivant de ramasser des fraises avec toi, tu les manges au fur et à mesure!)

Ambitionner: 1 – Exagérer, aller au-delà du raisonnable. 2 – Jouer des coudes, rivaliser. 3 – Abuser de la situation.

S'ambitionner: bosser, travailler dur. Faire quelque chose avec ardeur, s'enflammer. **Ambitionner sur quelque chose, sur quelqu'un:** exagérer, abuser (d'une activité). Exiger au-delà du raisonnable, tirer avantage d'une situation contre quelqu'un.

Ambitionneux: 1 – Personne avide, âpre au gain. 2 – Qui agit avec ardeur, avec stimulation.

Amérindien: autochtone - Indien ou Inuit - du continent américain. Ce qui est relatif à leurs cultures, leurs modes de vie, leurs langues.

Amie de fille [prononcer *amidfille*] : amie.

Amis (être pas pires) : ne pas être en plus mauvais termes qu'avant avec quelqu'un. Être plutôt bons amis. **Se faire ami avec:** se lier d'amitié avec quelqu'un.

Amolir (s') : s'adoucir. « La neige achève, le temps s'amollit, ça s'ra pas long que le printemps arrive. »

Ange cornu: 1 – Personne qui dissimule son caractère derrière un air faussement innocent et franc. C'est Lucifer, l'ange déchu, qui dans sa chute a chopé des cornes et une queue fourchue! 2 – Enfant espiègle, petit diable. 3 – Démon, diable.

Anglais d'Angleterre: permet de différencier un Britannique d'un autre anglophone (un Canadien par exemple) à rapprocher de *Français de France.* Désigne aussi la langue anglaise parlée en Angleterre.

Année de calendrier: année civile.

Annonce: publicité. Voir *pause.* **Annoncer:** faire de la publicité.

Anxieux (être anxieux de): (faux ami) avoir hâte de.

Anyway [prononcer *ainiouai* ou *énéwé*] : (angl.) 1 – Quoi qu'il en soit, de toute façon, dans tous les cas. « On devait le faire anyway. »

À part de d'ça, à propos de d'ça, de t'ça: à part ça, à propos de ça.

À pic (avoir l'air): avoir l'air maussade. **Être à pic:** être grognon, irritable.

À l'épouvante: à toute vitesse. Courir à l'épouvante.

Application : (angl.) formulaire de demande. Par extension demande d'emploi.

Appliquer, faire application : (angl. *to apply/job application*) postuler. « J'ai appliqué pour le poste de designer » (j'ai envoyé mon CV).

Apporter : emporter. Une pizza à apporter. **Apportez votre vin :** certains restaurants (généralement peu onéreux), permettent à leurs clients de venir avec leur propre bouteille et l'ouvrent même avec le sourire. « Incrédibeul » s'épateront les Français ! Ménagerait-on votre porte-monnaie ? Disons plutôt que le vin est tellement cher au Québec qu'un établissement qui offre des menus moins chers qu'une bouteille sait pertinemment qu'il ne vendra généralement pas de vin à ses clients. Alors tout le monde s'y retrouve. Le client parce qu'il peut boire du vin à moindre coût, le restaurateur parce qu'il attire plus de monde avec cette possibilité, et qu'il peut même choisir de ne pas vendre de vin du tout, évitant ainsi de payer un permis de vente d'alcool (il sera tout de même taxé pour le service, mais moins). Cette mesure ne s'applique pas à la bière qui est moins chère et moins taxée.

Apprenable (pas) : difficile à apprendre.

Aqueduc : (vieilli) tuyauterie. **Avoir l'aqueduc :** avoir l'eau courante.

Arachide : cacahuète. Le mot cacahuète est rarement utilisé au Québec. Voir *pinotte.*

Aréoport : aéroport. Quand on parle d'arrêt au port il ne s'agit pas du même mode de transport !

Arracher (en) : 1 – Travailler dur, trimer. 2 – Souffrir, éprouver beaucoup de difficultés. « Elle est tough, elle en a arraché pour terminer son MBA sans arrêter sa job » (elle est robuste, elle a trimé pour terminer son MBA sans cesser son travail). Le MBA, *Master of Business Administration,* est le diplôme d'études supérieures en management.

Arracher (s') : se défendre, se tirer d'embarras.

Arranger : réparer.

Arrêt: stop. En vertu de *la Charte de la langue française* (loi 101) qui impose l'usage exclusif du français dans l'affichage public et la publicité commerciale au Québec, il n'y a pas de panneaux de signalisation *Stop* mais, leur traduction en bon français: *Arrêt.*

Arrête donc! [ne pas prononcer le c final]: Exclamation exprimant l'incrédulité, la surprise ou l'offuscation. « Y m'a dit de sacrer mon camp — Arrête donc! » (Il m'a dit de foutre le camp — Tu plaisantes!) Variante: ben voyons donc! T'es pas sérieux!

Arrosage: pulvérisation d'une solution insecticide, épandage. Qui n'a pas frissonné en imaginant la rudesse légendaire des hivers canadiens où la température peut atteindre, quand même, les - 40 °C? En revanche, combien de Français savent que ces extrêmes fonctionnent aussi dans l'autre sens? L'été est court mais souvent caniculaire et humide. Un paradis pour les insectes (chenilles, moustiques, araignées, etc.) dont les larves prolifèrent dans les multiples lacs des régions boisées (en particulier les Laurentides). Pour faire face à ce fléau nocif pour la forêt et potentiellement porteur de maladies pour l'homme, certaines régions ont recours à l'arrosage aérien par avion-citerne, hélicoptère ou hydroglisseur. On n'ose pas imaginer ce que ce serait sans, car à la tombée de la nuit autour du barbecue, il en reste à profusion des bestioles qui piquent! Alors si vous voulez vivre les grands espaces canadiens, n'oubliez pas votre citronnelle antimoustique, conseil d'ami! Voir *maringouin.*

Arriver: joindre les deux bouts. « Avec mon prêt-auto, le remboursement de mon prêt étudiant et mon hypothèque, je n'arriverai pas cette année si je trouve pas une jobbine en plus de ma job » (avec mon prêt bancaire pour ma voiture, les remboursements de mon emprunt étudiant et de ma maison, je n'arriverai pas à joindre les deux bouts cette année si je ne trouve pas un petit boulot en plus de mon travail). Les études coûtent cher au Québec, contracter un prêt bancaire étudiant est courant. Les jeunes adultes sont confrontés à la réalité des remboursements et donc à l'obligation de travailler. Pour ceux qui n'y arrivent pas, la spirale de l'endettement commence très tôt.

Articulé: (faux ami) se dit de quelqu'un qui a le verbe facile, qui parle de belle façon, qui est cultivé et qui impressionne. Éloquent. « Il est bien articulé. » Terme employé par des personnes plutôt lettrées.

Assez: vraiment, beaucoup, très, plutôt, tellement. « J'ai assez hâte à Noël » (j'ai vraiment hâte d'être à Noël). À noter que le verbe être disparaît dans la version québécoise. « J'ai assez chaud » (j'ai très chaud ou plutôt chaud). Souvent seul le ton employé permet de faire la nuance. « Elle est assez belle » (elle est très/tellement belle). Variante: j'ai pas mal chaud, pas mal hâte, etc.

Assir: asseoir.

Assurance-feu: assurance incendie.

Assurance-santé: assurance-maladie complémentaire privée. Cette mise en avant du mot santé ne vaut que pour le privé puisque dans le public l'équivalent de la Sécurité Sociale française s'appelle La Régie de l'Assurance-Maladie du Québec, la RAMQ [prononcer *ramku*]. S'assurer pour garder la santé ou pour combattre la maladie? Question de point de vue. Voir *carte soleil.*

Astérisque (une): en France le mot est masculin mais il y a fort à parier qu'ici comme là-bas, les fâchés de la langue française appellent ce signe graphique en forme d'étoile « Astérix »!

Astheur: contraction de *à cette heure.* 1 – Maintenant (que), actuellement. « Astheur je suis roi » aurait dit Louis XIII en 1617 après avoir écarté sa mère du pouvoir. Le terme est tombé en désuétude chez les Français, comme la tête de leurs rois. S'il perdure dans la bouche des Québécois c'est peut-être parce qu'ils sont encore sujets de la reine d'Angleterre! 2 – À notre époque, de nos jours. « À l'école ça se tire dessus avec des guns les jeunes astheur » (de nos jours les jeunes à l'école se tirent dessus avec des armes).

Astinage, astination: discussion, chamaillerie, dispute. Intensité variable selon le contexte et le volume sonore des paroles échangées. « La politique c'est un sujet d'astinage à n'en plus finir! »

Astiner (s'): s'entêter, s'obstiner, pinailler. « De la manière qu'y s'astinent-là, la chicane va prendre » (vu comme ils s'entêtent, ça va finir en dispute). « A voulait m'offrir un jonc tusuite, faque j'ai accepté, j'étais pas pour m'astiner avec elle! » (Elle voulait m'offrir une bague tout de suite, j'ai accepté, je n'allais pas m'obstiner!)

À tantôt: à tout à l'heure.

À terre: à plat, vidé, épuisé. « La batterie du châr est à terre ».

Attache-feuilles, clip: trombone.

Attacher: lacer.

Attendre après: attendre. Attendre après quelqu'un, le métro, etc.

Attoquer: (Acadie) 1 – S'appuyer, placer - une partie du corps ou une chose - de façon à lui donner un point d'appui. 2 – Étayer. Voir *accoter.*

Atriquage: accoutrement. **Atriqué, habillé comme la chienne à Jacques:** mal fagoté, vêtu de manière mal assortie, pauvrement, limite clochard. **Mal atriqué:** mal habillé.

Attrappe (une): 1 – Baise couillon. 2 – Appât.

Aubaine: occasion, bonne affaire. « Aubaine dernière minute: 50 % du 25 mars au 30 avril pour un forfait trois jours deux nuits. En occupation double seulement » (promotion de dernière minute: 50 % de rabais du 25 mars au 30 avril pour un séjour de trois jours et deux nuits. Valable uniquement en chambre double). À noter que le « de » disparaît dans « aubaine dernière minute ». Voir *vente.*

Au-delà: plus de. « Ça prend au-delà de deux cents heures pour faire une robe de même » (il faut plus de deux cents heures pour faire une telle robe).

Audience: l'assistance, le public.

Auditoire: même sens qu'en français de France mais désigne aussi les téléspectateurs. « Si vous avez des plaintes, des commentaires ou des questions sur la programmation, communiquez avec notre service à l'auditoire. »

Auto-patrouille: voiture de police.

Autographier: dédicacer. **Autographié:** portant un autographe.

Autre-bord (l') : outre-Atlantique. L'Europe.

Autre : 1 – Différent, au-dessus « Se prendre pour un autre » (se croire supérieur). 2 – Encore. « Un autre deux heures » (encore deux heures).

Aux abords : aux environs. Aux abords de midi.

Avant midi : matin, matinée. « On peut se voir en avant, dans l'avant midi ou a soir si tu préfères » (on peut se voir dans la matinée ou ce soir si tu préfères).

Avec : 1 – Aussi. « Ils partent déjà ? — Oui, moi avec. » 2 – Compris dans, dedans. « La sacoche de la caméra ça vient avec ? » (la sacoche de l'appareil photo est comprise?) sous entendu : dans le prix.

Aveline : noisette.

Avocado : avocat (fruit de l'avocatier).

Avoir l'air à partir : se dit d'une personne qui semblait prête à partir mais qui finalement s'éternise.

Avoir la bouche molle : parler sans articuler, notamment après avoir trop bu.

Avoir le tour : (angl. *got the twist*) savoir s'y prendre, avoir le don de, être doué pour, manipuler. « Ils ont le tour de te faire accroire des niaiseries » (ils ont le don de te faire croire des sornettes).

Avoir mal à la cervelle : avoir mal à la tête, au crâne. Les Québécois sont plus justes, ce qui fait mal ce n'est pas tant l'ossature, c'est ce qu'il y a dedans !

Avoir pour son dire que : penser que.

Avoir sa journée dans le corps : être fatigué après une dure journée de travail.

Avoir son biscuit : se dit d'un homme qui a eu (le droit à) un rapport sexuel avec sa femme. « Lui as-tu vu le sourire su a face ? Y'a eu son biscuit hier à soir, certain ! » (T'as vu son sourire ? Il a eu le droit à sa ration de sexe hier soir, c'est clair !)

Avoir su ! : si j'avais su, si on avait su. « Avoir su j'aurais pris mon K-way pour visiter la Bretagne. »

Awèye: allez. Dépêche-toi. « Awèye embarque, on va faire un tour » (allez monte, on va faire un tour).

Ayoye!: interjection qui traduit la douleur, une surprise désagréable, une contrariété soudaine. S'emploie aussi quand on est témoin d'une réflexion désobligeante que quelqu'un fait à une tierce personne et qu'on s'attend à une réaction vive ou violente de cette dernière. « Jean s'adresse à Corinne la comptable: c'est d'même a chaque mois, épaisse, t'es toute fourrée dans tes chiffres pis mon slip de paie y'é à r'faire. T'es vraiment dû pour prendre des cours! Stéphane: ayoye! » (Jean s'adresse à Corinne la comptable: c'est tous les mois pareil, idiote, tu te trompes dans tes chiffres et mon bulletin de salaire est à refaire. T'es vraiment bonne pour prendre des cours! Stéphane: aïe aïe... sous entendu « ça va péter... »)

Et alors, le petit bassin ne lui appartient pas, si j'ai envie d'éclabousser moi !

B

Babaye, babaye lâ : (angl. *bye bye*) au revoir. Voir *bye*.

Babiche (se serrer la) : (vieilli) se priver, se serrer la ceinture.

Babiche : peau non tannée, découpée en lanières, qui servait traditionnellement à la fabrication de raquettes (pour marcher sur la neige), de chaussures et de chaises.

Babillard : tableau d'affichage.

Baboune : 1 – Lèvre, souvent charnue, épaisse. 2 – Moue, bouderie. Air mécontent, contrarié, maussade. **Faire la baboune :** faire la tête, la moue, bouder.

Bacon (avoir du) [prononcer *baiconne*] : (angl.) être plein aux as, bourré de fric. C'est vrai que quand on est riche on peut s'acheter du Francis Bacon.

Badloque : (angl. *bad luck*) malchance. « Y'é chanceux dans sa badloque » (il s'en tire sans trop de dégâts). Voir *loqué*. **Badloqué :** malchanceux.

Bagel : petit pain d'origine juive en forme d'anneau, très ferme. C'est avec les immigrants juifs d'Europe centrale que le bagel a débarqué aux États-Unis et au Canada. New York et Montréal continuent de se disputer la primeur de son arrivée. Aussi populaire que la pizza, il se consomme avec du fromage à la crème, du saumon fumé, des œufs ou tout ce qui vous passe par la tête. Nature, aux graines de sésame, de carvi, de pavot, aux oignons frits, à la cannelle, aux raisins secs, etc., il y en a pour toutes les gourmandises, ce qui explique sans doute qu'il se soit répandu « comme des petits pains ».

Bain : (faux ami) baignoire. Acheter un bain, c'est acheter une baignoire mais prendre un bain, ce n'est pas la voler, c'est faire trempette comme en France.

Bain tourbillon : jacuzzi. Voir *Spa*.

Baise la-piastre, serre-la-piastre : avare. Variante : suce-la-cenne. Baiser, sucer : l'argent provoquerait-il un état jouissif chez certains ?

Balayeuse : aspirateur.

Ballant : 1 – Équilibre. **Garder, perdre le ballant :** maintenir, perdre l'équilibre. 2 – Oscillation. **Être en ballant :** être en équilibre instable, sur la sellette.

Balloune : (angl. *balloon*) 1 – Baudruche, ballon qu'on gonfle à la bouche ou à l'hélium. Typiquement utilisé en décoration lors des *fêtes* (anniversaires). **Souffler dans la balloune :** subir un alcootest, souffler dans le ballon. **Péter la balloune :** être positif au test d'alcoolémie. **Partir sur la balloune :** se prendre une cuite, s'enivrer. **Gomme balloune :** bubble gum, malabar. Voir *gomme*. **Gros comme une balloune :** personne corpulente, obèse. **Être ballouné :** être ballonné. **Être en, pogner la balloune :** être enceinte. **Avoir la balloune :** avoir la grosse tête. **Vivre dans une balloune :** vivre de chimères, fantasmer, être hors de la réalité, dans sa bulle, retiré du monde. **Péter la balloune de quelqu'un :** briser son rêve, lui faire perdre ses illusions.

Balustre : balcon, rebord de fenêtre. **Suceux de balustre :** dévot.

Banc de neige : congère. Entassement de neige. Neige déposée en tas par le chasse-neige.

Bandage : 1 – Érection. En français de France, Brassens parle, lui, de bandaison. **Bandage de pisse :** érection causée par la pression de la vessie sur les nerfs érecteurs. 2 – Fait de bander, aussi bien sexuellement que médicalement. **Bandage adhésif :** pansement. Et non pas érection qui colle ! Moins usité que *plaster*.

Bandager : bander, une plaie, un bras, etc. Contrairement à *bandage*, pas de connotation sexuelle. « Bandage-lui le genou, il est tout grafigné. » (Bande-lui le genou, il est tout éraflé).

Baptistère : acte de naissance. L'Église a beaucoup pesé sur la vie des gens au Québec. Sans baptême, pas d'acte de naissance. Sans baptême, vous pouviez bien aller au diable, vous n'étiez même pas né !

Barbecue : *Le* sport estival ! Du jardin au coin de terrasse, du bout de balcon à l'appui de fenêtre, on « barbecute » sévère dès qu'il fait beau au Québec, c'est le signe incontournable que l'été est là. Pas de Québécois qui se respecte sans barbecue !

Barda, berda : 1 – Ménage, nettoyage de la maison. « T'as-tu faite ton barda a matin ? » 2 – Bruit, tapage, fait notamment en faisant le ménage. 3 – Ensemble de choses confuses. **Bardi-barda, berdi-berda :** 1 – Agitation vive et souvent désordonnée, dans la préparation d'un événement. Grand bruit, vacarme. « Quessé ça ce berdi-berda ? » (qu'est-ce que c'est que ce tintamarre ?). « Quel berdi-berda ! » (on ne s'entend plus !) 2 – Désordre. « C't'un berdi-berda chez eux, une chatte y perdrait ses petits. »

Bardassement, berdassement : bruit pénible, habituellement provoqué par un remue-ménage.

Bardasser, berdasser : 1 – Bousculer, brasser, secouer, manipuler sans ménagement ou précaution, souvent bruyamment. Mettre sens dessus dessous, s'affairer en faisant du bruit, notamment en faisant le ménage. 2 – Être ballotté, secoué, molesté. « Viens-t'en on va à La Ronde y'on un nouveau manège qui bardasse d'un bord pis d'l'ôte » (viens, on va au parc d'attraction de La Ronde, ils ont un nouveau manège qui secoue d'un côté et de l'autre). « Y'avait ben du monde dans la file d'attente, je m'suis faite bardasser » (il y avait une sacrée queue, j'ai été bousculée). 3 – Gronder, de façon plus ou moins vive. Traiter quelqu'un verbalement d'une manière rude pour lui faire entendre raison, le faire réagir. « Bye, à m'faire bardasser d'même j'ai mon voyage ! » (je me tire, j'en ai ras le bol de me faire parler sur ce ton !) 4 – Manipuler et bousculer bruyamment les objets en maugréant pour montrer sa mauvaise humeur, son impatience ou son mécontentement. 5 – Manigancer, organiser quelque chose. 6 – S'occuper à de menues besognes pour se distraire ou s'amuser. « Arrête-don d'bardasser qu'on se mette à l'ouvrage » (arrête donc tes bricoles qu'on se mette au travail). 7 – Inquiéter, tracasser. « Ça me bardasse c't'affaire-là. »

Barguinage: (angl. *bargain*) marchandage. **Barguiner:** marchander.

Bar laitier: glacier où se vend de la « crème glacée ». Précision à retenir pour les gourmands car si vous demandez de la « glace », on vous servira des glaçons! L'une des franchises les plus connues de bars laitiers s'appelle Dairy Queen.

Bârlue (avoir la): avoir la berlue, avec l'accent. J'ai la bârlue où c'est un « â » à la place du « e »?

Barré: raturé, rayé... comme les colonnes de Buren. « Je l'ai barré de ma liste. » « Lui, il est barré » (lui, il ne remet plus les pieds ici). Expressions très usitées pour parler de quelqu'un qu'on n'invitera plus, qu'on ne veut plus voir chez soi. **Une chemise barrée:** une chemise à rayures. Voir *carreauté.*

Barre à clous: pied-de-biche. Pragmatisme québécois, naturalisme français!

Barrer: verrouiller, fermer à clef. Voir *débarrer.* **Embarrer:** enfermer. « Embarre-toi pas dans la toilette tu s'ras pu capab de sortir! » (ne t'enferme pas dans les toilettes tu vas rester coincé).

Barrure: verrou.

Bas: rez-de-chaussée. Voir *étage.* **Être bas sur pattes:** avoir le cul bas, avoir de petites jambes. Être petit. « É bas su pattes. »

Bâs: (faux ami) chaussettes. « Quand fait frette t'as jusse à mettre des bâs d'laine pis t'es correc! » (quand il fait froid tu mets des chaussettes en laine et t'es paré!) Voir *chaussettes* et *chaussons.* **Manger ses bâs:** selon le contexte, s'énerver, ronger son frein, être mal à l'aise, regretter amèrement. **Mange pas tes bâs!:** calme-toi!
Bascule: jeu traditionnel qui souligne les anniversaires. La personne fêtée est saisie par les bras et les jambes et soulevée vers le ciel

autant de fois qu'elle compte d'années. **Donner la bascule:** faire subir ce jeu. **Faire la bascule:** faire des galipettes.

Bas-culotte: collants. Voir *bâs*.

Bassinette: (veilli) lit d'enfant assez haut sur pieds, fermé par des barreaux sur les côtés.

Bat (un) [prononcer *batte*]: batte de base-ball. Voir *bâton*. **Se faire passer au bat:** 1 – Recevoir une raclée. 2 – Se faire baiser (sexuellement). Passer une femme au bat. **Un gros bat:** 1 – Grosse bite. 2 – Gros joint (de drogue).

Bataclan: 1 – Tout l'attirail, tout le nécessaire. 2 – Ameublement.

Bateau: Manquer le bateau: rater le coche. Ne rien comprendre. Les Français eux, quand ils sont largués, ils ont « un train de retard ». C'est la différence entre le Français et le Québécois, il y a celui qui a pris le bateau pour aller s'installer en Amérique et celui qui est resté au port. **Monter un bateau:** même sens qu'en français de France mais aussi bâtir des châteaux en Espagne.

Bâton: crosse de hockey. **C'est final bâton:** un point c'est tout. Point final. Point barre. **Tenir le gros bout du bâton:** tenir le haut du pavé, avoir le pouvoir.

Batterie: (angl. *battery*) (faux ami) pile électrique.

Battures: les berges du fleuve Saint-Laurent, que la mer recouvre à marée haute et où pousse la tendre et comestible salicorne. **Être, jouer dans les battures de quelqu'un:** chercher à lui piquer son mec ou sa nana.

Bavasseux: 1 – Bavard. 2 – Rapporteur.

Baveux: personne effrontée, insolente, qui cherche la petite bête. Peut aller jusqu'au harcèlement.

Bazou: tacot. Vieille voiture. Modèle démodé. **Beau bazou:** belle bagnole.

Beau (c'est): 1 – c'est bon, c'est ok, c'est prêt. « C'est beau, tu peux partir ». 2 – Longtemps « Il va faire beau quand tu l'auras! »

(Tu l'auras quand les poules auront des dents). Tu peux toujours attendre! Cette expression aurait-elle été inspirée par la longueur des hivers où le beau temps semble ne jamais vouloir revenir? **S'habiller en beau:** enfiler ses plus beaux vêtements, se mettre en dimanche. **Y'a rien de trop beau pour les boys:** on n'en fait jamais assez pour les amis. Expression pour qualifier et critiquer les passe-droits, les privilèges non mérités.

Beauté fatale, quand je te vois, je pédale: façon humoristique de dire que quelqu'un vous plaît ou a contrario, quand utilisé avec ironie, vous déplaît. Tout dépend du sens dans lequel vous pédalez!

Bébé Lala: bébé Cadum. **Être un bébé Lala:** être puéril.

Bébelle: 1 – Chose, truc, bidule, bibelot, petit objet sans valeur. 2 – Jouet. Voir *gogosses.*

Bec: 1 – Bise. Bécot. **Becquer:** bécoter. **Becquer bobo:** expression affectueuse d'une personne qui, quand un enfant vient de se faire mal, embrasse l'endroit du corps endolori. **Donner, recevoir un bec en pincettes:** donner, recevoir une bise en pinçant ou en se faisant pincer les joues. 2 – Bouche. **Ça m'a passé devant le bec!:** j'ai raté ma chance! **Faire le gros bec:** faire la moue. **Fermer le bec à quelqu'un:** le rabrouer. **Se fermer, taire son bec:** se taire. **Se rincer le bec:** trinquer. **Faire le bec fin:** faire la fine bouche, le délicat. Faire le prétentieux, l'arrogant. **Bec pincé:** prétentieux, crâneur. **Bec sucré:** personne qui aime les sucreries. **Se sucrer le bec:** s'offrir une gourmandise sucrée comme la *tire* et le sucre d'érable par exemple.

Bécosse: (angl. *back house*) toilettes. WC extérieurs. Cabane en bois autrefois située à l'extérieur en retrait de la maison. Existe encore en milieu naturel (en forêt, à la campagne). Par plaisanterie, toilettes situées dans une maison, un édifice public, une école, etc. « Ma aller faire un p'tit tour à bécosse » (je vais faire un tour aux toilettes). **Faire, jouer le boss des bécosses:** jouer au chef quand on ne l'est pas. Vouloir tout contrôler, tout dominer. Faire la morale de manière déplacée.

Bédaine: ventre, bide. « T'as une belle bédaine », compliment pour une femme enceinte. **Être en bédaine:** être torse-nu. **Faire de la bédaine:** souffrir d'obésité.

Beding-bedang, berdi-berdang, bédigne-badagne: Onomatopée exprimant le bruit répété de ce qui chute, de ce qui est manipulé sans ménagement, projeté dans tous les sens

Beigne (un): 1 – Beignet. Pâtisserie frite dans de l'huile ou de la graisse, nature saupoudrée de sucre glace ou fourrée à la confiture, à la crème, etc. Les beignes traditionnels sont ronds, en forme d'anneau, avec un trou au milieu. Un Québécois qui vous propose un beigne ne cherche ni la bagarre ni des rapports sados masos, au contraire, il vous offre une douceur! Voir *Beignet.* 2 – Anneau de caoutchouc gonflable permettant, en cas de problème au périnée ou à l'anus, de s'asseoir un peu moins douloureusement! 3 – Chignon en forme d'anneau. 4 – Taille épaisse, bourrelet au niveau de la ceinture, avoir un pneu. Variante: Avoir un tire [prononcer *tayeur*] (angl.) 5 – Personne naïve, gauche, sans intelligence. Voir *beignet.* **Trou de beigne:** c'est le trou du beignet! Boulette de pâte également frite qui donne des beignets de la taille d'une petite prune, ronds comme des billes. Pâtisserie extrêmement bon marché puisqu'une dizaine de trous de beignes valent moins de deux dollars. Faut dire qu'un trou c'est pas grand-chose! Vendre des trous fallait oser! À quand la vente de trous d'emmental en France?

Beignerie: pâtisserie spécialisée dans la fabrication de beignes.

Beignet: benêt, personne sans intelligence, sans jugement.

Ben: bien. **Ben gros:** beaucoup. « Ch't'aime ben gros. » **Benque trop:** bien trop.

Bête: (faux ami) désagréable, méchant. **Attraper, avoir l'air, rester bête:** être décontenancé, surpris, interloqué.

Bêtises (manger des bêtises par la tête): prendre un savon, une engueulade.

Beurrade: toute substance grasse étendue comme du beurre.

Beurrage: 1 – Enduire le corps (tout ou partie) d'une substance grasse ou huileuse (généralement pour se protéger ou se soigner). 2 – (péjoratif) se maquiller, être maquillé excessivement. 3 – (rarement usité) produits de maquillage. 4 – Salir exagérément, recouvrir de substances dégoûtantes, notamment lors de bizutages.

Beurre : comparé au grand choix de margarines, il y a peu de beurre laitier au Québec. Cela n'empêche pas le Québécois d'employer le mot beurre à toutes les sauces. Beurre d'arachide, d'amande, de noisette, de caramel, et le plus typique de tous, l'incontournable beurre d'érable (obtenu à partir de sirop d'érable). **Beurre de crémerie, de beurrerie, de fabrique :** beurre laitier industriel. **Beurre de ferme, d'habitant, de laiterie :** beurre laitier artisanal. **Parler dans le beurre :** parler dans le vide, ne pas être écouté. **Passer dans le beurre :** rater la cible, manquer son coup, passer, frapper à côté (de la balle, du clou, etc.) Ne pas atteindre l'objectif. S'emploie en particulier à la balle molle (le baseball) quand celui qui doit frapper la balle avec la batte rate son coup et fend l'air dans un grand geste sans toucher la balle. **Tourner dans le beurre :** tourner dans le vide (en parlant d'une vis). Tourner à vide sans réussir à embrayer (en parlant d'un mécanisme, d'un moteur). Patiner. **Prendre le beurre à poignée :** 1 – Être avide, vorace. Vouloir tout s'approprier. Agir avec précipitation. 2 – Manger avec une avidité grossière, sans attendre, sans se soucier de politesse ou de bienséance.

Beurrée (une) : 1 – Une tartine, de confiture, de miel, etc. Une beurrée n'est pas forcément beurrée, pour qu'elle le soit il faut le préciser : une beurrée de beurre. 2 – Long laps de temps. **Attendre une beurrée :** attendre trèèès longtemps.

Beurrer : 1 – Tromper, duper, mentir, raconter des histoires, leurrer par des propos flatteurs, faire de fausses promesses. 2 – Acheter, soudoyer, graisser la patte. 3 – Dénoncer, accuser, mettre en cause quelqu'un (à tort ou à raison) pour implication dans des affaires illicites, des pratiques répréhensibles. 4 – Salir, tâcher, enduire. **Se beurrer :** obtenir des avantages, de l'argent par des moyens douteux, illicites. S'impliquer dans quelque chose de louche. **Beurrer épais :** dépasser la mesure, exagérer, en faire ou en dire trop.

Bibitte, bébitte : insecte, bestiole. **Bibitte, bébitte à patate :** doryphore, coccinelle. **Avoir des bibittes, bébittes :** avoir une maladie vénérienne. **Avoir des bibittes dans la tête :** avoir des araignées au plafond, être fou.

Bicyc', bicycle, bécique : (angl. *bicycle*) bicyclette, vélo. **En bicyc' :** à bicyclette. **Bicyc', bécique à gaz :** moto. Voir *gaz.*

Bidous (des) : 1 – De l'argent, beaucoup d'argent. 2 – Billets de banque. **Avoir des bidous :** être riche. **Ça prend des bidous :** ça coûte cher. **Faire des bidous :** s'enrichir.

Bien, bien aller [prononcer *ben n'aller*] : bien fonctionner (pour un appareil, un véhicule...) « J'ai arrangé ton bicyc', y va ben » (j'ai réparé ton vélo, il roule bien).

Bien balancé : 1 – Équilibré. 2 – (vocabulaire sportif) qui ne présente pas de faiblesse notable, ni à l'attaque, ni à la défense. Équipe dont les joueurs sont complémentaires. **Débalancé :** déséquilibré.

Bienvenue : (angl. *you are welcome*) 1 – De rien, y'a pas de quoi, à votre service, je vous en prie. Formule de politesse en réponse à un remerciement. « Merci pour ton aide — Bienvenue. » Variante : *ça fait plaisir.* 2 – Formule pour accueillir, pour souhaiter la bienvenue. Bonjour est peu employé au Québec et au restaurant par exemple, le mot bienvenue sera préféré.

Bienvenue (taxe de) : 1 – « Droit sur les mutations immobilières », rebaptisé avec humour et ironie par la langue populaire ! À l'achat d'un bien immobilier, l'acheteur doit payer à la municipalité une taxe calculée selon la valeur de l'achat. 2 – Avec la même ironie, le terme s'applique aux droits que doivent acquitter les personnes qui déposent une demande de résidence permanente au Canada.

Bière tablette (une) : Une bière tiède, à la température de la pièce. Ce n'est pas une bière qui est restée sur la table mais une bière qui a été prise sur une « tablette » (étagère). Voir *Frette.*

Bike [prononcer *baïke*] : (angl.) vélo.

Bines, binnes, beans [ne pas prononcer le s] : (angl. *beans*) 1 – Haricots secs. 2 – Haricots au lard. Plat typique québécois. Voir fèves. « J'ai des bines en canne en masse dans mes placards » (j'ai plein de haricots en conserve dans mes placards). **Une bine :** une portion de fèves au lard. **Un souper aux bines :** dîner organisé dans le cadre d'une activité de groupe et dont les fèves au lard constituent le plat principal. **Bines de chantier :** fèves au lard cuisinées comme on les consommait sur les chantiers forestiers. 3 – (régional) Orgelet. **Avoir les yeux dans la graisse de bines :** 1 – avoir le regard qui trahit la fatigue, la lassitude, l'ennui, l'ivresse ou le désir sexuel. Avoir les yeux dans le vague, le regard absent. Variante : avoir les yeux dans le beurre. 2 – Avoir un regard amoureux, notamment après un coup de foudre. **C'est une bine :** c'est rien du tout. **Être rond comme une bine :** être complètement ivre.

Binerie : 1 – (vieilli) Petit restaurant modeste dont le menu se réduit souvent aux fèves au lard. Il n'en reste que quelques-uns pour le folklore et les touristes. 2 – Gargote. Petit restaurant offrant une nourriture médiocre et bon marché.

Bizoune : zizi.

Blanc de mémoire : trou de mémoire. Une mémoire blanche ça peut être réimpressionnée mais une mémoire trouée, ça rend l'oubli assez irrémédiable !

Blaster : (angl. *to blast*) engueuler. « Ma su faite blaster par mon prof à matin parce que j'avais pas mes livres » (je me suis fait engueuler par mon prof ce matin parce que je n'avais pas mes livres).

Blé d'Inde : maïs. Cette appellation est née de la méprise de Christophe Colomb qui, croyant découvrir les Indes, baptise « blé d'Inde » le maïs qui s'y trouve en abondance. Persistant dans l'erreur, il enfonce le clou avec les « poules d'Inde » (nos « dindes » d'aujourd'hui) et « cochons d'Inde ». À noter que le marronnier d'Inde, lui, est authentique car il vient des Indes orientales. Mais c'est une autre histoire ! En parlant de Christophe Colomb, voir *colon*. **Épluchette de blé d'Inde :** au début de l'automne pour fêter le temps des récoltes, la coutume québécoise (qui viendrait des Iroquois) était d'inviter ses voisins à une veillée où tout le monde s'asseyait autour d'un gros tas de maïs pour en effeuiller les épis. Soirées joyeuses et conviviales, pleines d'histoires et de chants traditionnels qui permettaient aux amoureux de se rapprocher. L'un des jeux de la soirée consistait à tomber sur un épi de blé d'Inde rouge, variété de maïs pourpre-violette rare (un à deux épis par champ). Celui ou celle qui découvrait cet épi avait le privilège d'embrasser la personne de son choix. Les épis épluchés, on les faisait bouillir puis on passait à table. La célébration des récoltes a disparu mais l'épluchette de blé d'Inde n'en est pas pour autant tombée en désuétude. Au contraire, aujourd'hui tous les prétextes sont bons! Que ce soit pour se retrouver entre amis, entre collègues, pour organiser une activité peu onéreuse dans un centre communautaire ou faire une levée de fonds, la tradition continue. À notre époque l'épluchette commence dans l'après-midi et se pratique aux beaux jours, accompagnant notamment les barbecues. Le blé d'Inde est servi chaud avec du beurre et du sel. Voir *barbecue.*

Bleuet: (faux ami) variété de myrtille nord-américaine. Très utilisée en pâtisserie. Au Québec on produit un vin et de la liqueur de bleuet. C'est aussi le nom donné aux habitants du Saguenay-Lac-Saint-Jean, région productrice de ce fruit.

Bleu marin: 1 – Bleu marine. Au Québec on retient visiblement plus les mecs à pompons que la grande bleue. Ha l'uniforme! À moins que les navigateurs québécois ne soient des schtroumfs? 2 – Fâché. « Y'était bleu marin pis y'a passé au mauve. » Progression dans le niveau de la colère. Les Français diraient rouge de colère puis écarlate. Quand le rouge transforme le bleu en mauve, c'est que le Québécois est trèèès fâché.

Bleu poudre: bleu layette, bleu pâle. Du trousseau de bébé au talc pour lui poudrer les fesses, il semblerait qu'on pouponne en bleu des deux côtés de la Grande Bleue!

Bleus (avoir les): (angl. *to feel kind of blue*) avoir le blues, le cafard.

Bloc: (angl. *block*) Distance entre deux rues. Coin de rue, pâté de maisons. Les villes nord-américaines sont construites sur un principe d'urbanisme raisonné des architectes du siècle des Lumières: le plan quadrillé. Les rues dessinent des carrés et des rectangles: les blocs. « Je reste à trois blocs de chez Manon » (j'habite à trois rues de chez Manon). **Bloc appartements:** (angl. *apartment block*) immeuble d'habitations. **Avoir mal au bloc:** avoir la gueule de bois.

Bloke [prononcer *blauwke*] : (angl.) (péjoratif) Canadien anglais.

Blonde: petite amie. Il n'y a pas plus de blondes au Québec qu'en France pourtant, que votre copine soit brune, rousse ou chauve, c'est votre blonde. Est-ce dû au fameux poncif qui dit que « les hommes préfèrent les blondes »? Ha Marylin! Certes le mot blonde s'accorde généralement bien avec l'idée de poitrine avantageuse « une blonde aux gros seins », mais pour ce qui est de l'intelligence, les blagues sur les blondes ont autant de succès au Québec qu'en France. Se faire qualifier de blonde est donc d'autant plus injuste pour les non peroxydées!

Bobépine: épingle à nourrice. Le chanteur Éric Lapointe a rendu le mot célèbre en chantant *Bobépine*: « À s'parfume à térébentine, à couraille la rue Sainte-Catherine, qui ça? Bobépine! »

Bobettes: caleçon, slip, culotte. Toujours au pluriel. « T'as-tu gardé tes bobettes sous ton peignoir? »

Bobo: 1 – Maladie, blessure. 2 – Problème. **Mettre le doigt sur le bobo:** trouver la cause du problème.

Boisé: lambrissé.

Boisson (de la) : toujours alcoolisée. Une boisson (gazeuse, sucrée, chaude…) est sans alcool mais « tu veux-tu de la boisson? » c'est forcément avec alcool. C'est le « de la » qui fait toute la différence. De la boisson bue sans modération et vous voilà dans un monde dédoublé, au « de-là » de la réalité! Voir *breuvage* et *liqueur*.

Boîte vocale: répondeur.

Bolle, bollé: fort en thème. Personne douée, intelligente, savante, brillante. « Il est bollé en cuisine ton flo, tu devrais l'envoyer à l'Académie culinaire, ils ont des camps de jour pour enfants » (il est doué en cuisine ton môme, tu devrais lui faire suivre un stage pour enfants à l'Académie culinaire). « C'te fille là c't'une bolle. »

Bonjour : s'emploie aussi bien pour dire bonjour qu'au revoir. Moins usité cependant que *bon matin* et *bye*. **Bonjour là ! :** salutation utilisée pour clore une conversation. **Bonjour la visite ! :** 1 – Départ précipité, disparition soudaine. « Y'avait un méchant d'beau buck su la trail, j'm'arrête pour prend'une photo mais Jean qui m'avait pas vu s'enfarge sur moé, s'effouère, beding-bedang, le chevreuil faite un bond de côté et bonjour la visite ! » (il y avait un super beau cervidé sur le chemin, je m'arrête pour prendre une photo mais Jean qui ne m'avait pas vu bute contre moi, s'affale, patatra, le chevreuil fait un bond de côté et disparaît). 2 – Pour clore abruptement une discussion dont on ne voit plus l'intérêt. Voir *visite*.

Bon (un) : au moins, un minimum de. « Ça va prendre un bon deux heures » (ça va prendre au moins deux heures).

Bon matin : bonjour.

Bonne heure (plus de) : plus tôt. **Trop de bonne heure :** trop tôt.

Bonhomme sept heures : marchand de sable. Bien que les Québécois ne se couchent pas si tôt, leur rythme n'est pas le même qu'en France. Ils se lèvent généralement beaucoup plus tôt. Il n'est pas rare de les voir arriver au bureau dès 7 heures et comme ils prennent une demi-heure à une heure seulement le midi, ils finissent relativement tôt. Ils dînent aux alentours de 18 heures. L'hiver le froid, le manque de lumière et la tombée de la nuit précoce n'incitent pas à traîner le soir. L'été au contraire, finir tôt son travail permet de profiter au maximum de soirées dont la douceur a été tant attendue. Voir *horaire d'été*.

Borne-fontaine : bouche à incendie. Voir *abreuvoir*.

Bord : côté. « Collé des deux bords. » **De bord en bord :** de part en part. **Être sur le bord de faire quelque chose :** être sur le point de faire quelque chose. **Prendre le bord :** s'esquiver.

Bordeaux : la prison de Montréal. L'équivalent de Fresnes pour Paris. Si un Québécois vous dit qu'il a passé deux ans à Bordeaux ce n'est pas forcément qu'il connaît la région vinicole française !

C'est également vrai s'il dit revenir de Partenais, une prison à ne pas confondre avec Partenay, la ville française.

Bordée de neige : chute de neige importante.

Boss : (angl.) patron, chef. **Faire son boss :** se montrer, jouer les patrons. **Bosser :** (angl. *to boss*) (faux ami) régenter. Donner des ordres de manière abusive ou sans avoir autorité pour le faire. Jouer le *boss des bécosses.* Voir *bécosses.*

Bottine : botte, masculine ou féminine, aussi bien cuissarde que botte à la cheville. **Bottine de ski :** chaussure de ski. **Avoir les deux pieds dans la même bottine :** être empêtré. Avoir les deux pieds dans le même sabot. Les Français sont restés plus campagne !

Boucane : fumée. **Boucaner sans arrêt :** fumer sans interruption.

Bouffe : nourriture. Le mot n'a aucune connotation familière au Québec, on l'emploie dans tous les milieux, même à Outremont, quartier chic de Montréal. Pour un Français c'est assez surprenant d'entendre une bourgeoise bon teint déclarer que la cuisine indienne c'est sa bouffe préférée. C'est encore plus drôle quand un restaurant qui se veut classe et sélect promeut sa bouffe gastronomique ! Deux mots qui, au pays des fromages, ne vont pas franchement ensemble ! Au Québec, n'en déplaise à Jean-Pierre Coffe, « quand ça se bouffe, ça se mange ! »

Boules : (faux ami) les seins, les nichons. « Argard-moé c't'agace, a m'énarve mais faut y donner ça, a l'a une méchante paire de boules » (regarde-moi cette allumeuse, elle m'énerve mais faut reconnaître qu'elle a de gros nichons). Voir *Totons.*

Boules à mites : boules de naphtaline. Non ce ne sont pas des seins de mites ou des lolos mités (voir mot précédent !)

Bourré : (faux ami) rassasié. « Chu bourré » (j'ai le ventre plein). **Se bourrer la face :** s'empiffrer. Le Québécois se bourre au solide tandis que le Français se bourre au liquide !

Bourse : sac à main, et rien d'autre, ce à quoi vous pensez, ce sont *les gosses.*

Boutte: 1 – Bout. Le bout de quelque chose. 2 – Endroit, quartier, coin. « C'est dans l'boutte » (c'est dans le quartier, dans les parages, dans le coin). **Au boutte:** tout à fait, extrêmement. « Y'é tanant au boutte » (il est extrêmement chiant). **C't'au boutte:** c'est génial, c'est super, excellent. **C'est le boutte!:** c'est le comble! C'est le pompon! **C'est le boutte du boutte:** c'est incroyable. **Boutte de crisse! [prononcer *bout'criss*]:** exclamation de surprise. **Être rendu au boutte:** être crevé, à bout.

Boxing day: (angl.) le 26 décembre les commerçants soldent leurs marchandises de Noël. Si c'est un jour ouvrable il est férié. Le boxing day a tendance à devenir une boxing week avec des *aubaines* importantes qui s'étalent sur toute la semaine.

Boyau d'arrosage: tuyau d'arrosage. Variante: hose (angl.)

Bozo, Bozo-les-culottes: simple d'esprit. Vient d'une chanson de Raymond Lévesque où un personnage simple et peu éduqué, issu du « petit peuple », exploité par les Anglais et trompé par le clergé, va dynamiter un monument à la mémoire des conquérants. Symbole de réaction à l'aliénation par un acte indépendantiste, « Bozo-les-culottes » deviendra une des chansons-étendards des manifestations syndicales et politiques. Félix Leclerc, dans sa chanson Bozo, chante aussi « Puisque Bozo/Le fou du lieu/Est amoureux… »

Braillage, braillement: plainte. **Braillard:** qui se plaint. **Brailler:** se plaindre, geindre.

Brake [prononcer *braïke*]: (angl.) frein. **Brake à bras [prononcer *braikabra*]:** frein à main. **Braker [prononcer *braïker*]:** freiner. Quand, en voiture, un Québécois vous hurle de braker c'est qu'il y a danger, qu'il faut donc freiner et ne surtout pas braquer (tourner pour le Français).

Branler: 1 – Bouger, remuer. « Branle-toi on va manquer le métro » (magne-toi on va rater le métro). 2 – Se balancer. Voir *chaise berçante, branlante.* C'est l'été, vous êtes *au chalet* chez des amis québécois, le barbecue se termine quand soudain quelqu'un propose d'aller se branler sur la terrasse. Pas de panique (ou de joie lubrique) on ne vous invite pas à une séance d'onanisme voyeur et exhibitionniste mais à aller vous balancer sur des chaises prévues à cet effet. Cela en décevra certains mais ce n'en est pas moins une façon agréable de terminer la soirée sous les étoiles! Les jeunes générations utilisent de plus en plus le mot branler dans sa signification française, c'est-à-dire sexuelle. **Branler dans le manche:** hésiter, se tâter.

Branleux: 1 – Quelqu'un qui hésite, traîne, lambine. Variante: *limoneux.* 2 – Quelqu'un sur lequel on ne peut pas compter. 3 – Poltron.

Braoule: grosse cuillère.

Brasse-corps (à): à bras-le-corps.

Brasser: tourner, mélanger, secouer. « Je m'su faite brasser. »

Brassière: (faux ami) soutien-gorge.

Breuvage: (faux ami) boisson non alcoolisée. Voir *boisson* et *liqueur.*

Brisé: cassé, hors service. « La toilette est brisée » (les toilettes sont hors service).

Broche: (faux ami) agrafe. **Brocher:** agrafer. **Brocheuse:** agrafeuse.

Broche à foin: chose faite de façon inefficace, bâclée. « C'est faite broche à foin » (c'est fait rapidement, pas sérieusement). Voir *amanchure.* **Une histoire de broche à foin:** une histoire à laquelle on ne croit pas.

Brosse: (faux ami) une cuite, une biture. **Brosseur:** ivrogne. **Prendre une brosse, virer une brosse, brosser:** s'enivrer, se saouler jusqu'à en être malade. Avoir trop fait la fête. « J'ai viré une brosse hier. » **Relever d'une brosse:** dessoûler.

Broue: (angl. *brew*) bière. C'est sans conteste la boisson nationale. Infiniment plus abordable que le vin, les Canadiens la produisent et la consomment en grande quantité. Voir *drafte.* **Faire de la broue:** mousser. **Avoir de la broue dans le toupet [prononcer *toupette*]:** commencer à être ivre, avoir un verre dans le nez. **Péter**

de la broue : se faire valoir, se vanter, tenter d'en imposer. Comme quoi la bière (broue) n'est pas que diurétique! « Moi aussi j'aurais l'goût d'aller péter d'la broue sur les marches du Festival de Cannes! » (moi aussi j'aimerais bien me pavaner sur les marches du Festival de Cannes!). « Argard-là à faire sa Française et à péter d'la broue! » (regarde-là à se prendre pour une Française et à faire l'importante!) **Péteux de broue :** qui se vante, qui fait de l'esbroufe. « J'haïs les péteux d'broue et le monde qui s'écoute parler. »

Brûlé : 1 – Épuisé. **Se brûler :** s'éreinter, s'user. 2 – Grillé (ampoule).

Brûlement d'estomac : brûlure d'estomac.

Brumasser : bruiner.

Brun : billet de cent dollars (qui est de couleur brune). **Ça coûte un brun :** c'est cher.

B.S. (Bien-être Social) : aide sociale. Équivalent du RMI. **Être, vivre sur le B.S. :** être un assisté social. Ne concerne pas les chômeurs dont le statut est différent.

Buanderie : laverie automatique, blanchisserie.

Bum [prononcer *beume*] : vaurien, voyou. Personne fruste et brutale qui a tendance à la délinquance.

Bumper [prononcer *bomepeur*] : (angl.) pare-chocs. **Se faire bumper [prononcer *bumper*] :** (angl.) Se faire remplacer par quelqu'un qui est plus diplômé ou qui a plus d'ancienneté.

Butch : (angl.) lesbienne à l'allure masculine.

Buvable : potable.

Bye : au revoir. Le terme « au revoir » n'est pas utilisé au Québec.

Il va encore s'envoyer
une bière fraîche, mon vieux,
il a un méchant coup dans le nez.

C

Cabane à sucre : bâtisse souvent rudimentaire construite dans une érablière pour exploîter cette dernière en produisant les produits de l'érable. « À tous les printemps on va se sucrer le bec à la cabane à sucre » (tous les printemps on va manger à la cabane à sucre). **Temps des sucres :** période (fin mars, début avril) pendant laquelle a lieu le prélèvement de l'eau d'érable (substance liquide proche de la sève) pour la fabrication des produits de l'érable. C'est le moment où traditionnellement les Québécois vont aux sucres, c'est-à-dire manger à la cabane à sucre. « Le printemps à nos portes c'est le retour du temps des sucres. » **Partie de sucre :** fête, repas, pris à l'érablière au printemps (dans la cabane à sucre), où l'on sert des plats typiques avec les produits de l'érable : *fèves* au lard et au *sirop* d'érable, *oreilles de crise*, crêpes (pancakes) et tartes au sucre d'érable, beurre et *tire* d'érable, etc. Ambiance folklorique et repas ultra-calorique, après vous pouvez vous rouler tout nu dans la neige sans même frissonner !

Cachette (jouer à la) : jouer à cache-cache. **Faire des cachettes :** faire des cachotteries.

Cachou (noix de) : noix de cajou.

Cadran : réveil.

Ça doit : sans doute.

Ça fait pas d'bon sens [ne pas prononcer le s final] : ça n'a pas de sens, c'est ridicule, illogique.

Ça fait plaisir : de rien. Je vous en prie.

Calé : chauve, déboisé. **Caler :** 1 – Devenir chauve. 2 – Avaler. « Caler des bières. » **Caler vite :** boire d'une traite. Voir *chotte.*

Câlisse [prononcer en traînant sur le â et en le marquant fortement dans les graves entre *câââlisse* et *caulisse*] : (religieux *calice*) juron, blasphème. Sans doute le *sacre* le plus utilisé après *hostie.* « J'm'en câlisse ben gros » (je m'en fous complètement). « J'ai reçu une câlisse de roche dans a face » (j'ai reçu un putain de caillou dans la figure). Euphémisme : câlique, câline. **Câlisser :** Foutre. « J'va t'en câlisser une » (je vais t'en foutre une, sous-entendu râclée, claque ou poing dans la figure). Quand un Québécois parle de vous câlisser quelque chose, il est vraiiiment temps de déguerpir ! Voir *Sacrer.* **Câlisser dehors [prononcer *déhors*] :** foutre à la porte. **S'en faire câlisser toute une :** se faire battre à plate couture (dans une compétition). **Câlisser son camp :** foutre le camp. Voir *décalisser.* Variante : sacrer son camp.

Call [prononcer *caul*] : (angl.) appel. « Faut qu'j'y r'tourne son call » (je dois le rappeler – au téléphone). « Elle est comme l'orignal, elle répond au call. » Sous-entendu elle écoute docilement. Voir *caller l'orignal.*

Caller l'orignal [prononcer *cauler*] : à la chasse à l'orignal, imiter le cri de la femelle pour attirer le mâle.

Calorifère : système de chauffage. Mot qui n'est sans-doute plus utilisé en France depuis… Landru.

Calvaire : (religieux) juron, blasphème. « Ça va faire mal en calvaire. » « Y'était en beau calvaire » (il était fâché). Euphémisme : calvince.

Caméra : désigne certes une caméra de cinéma, de télévision ou un caméscope, mais le sens premier au Québec, comme en anglais, c'est « appareil photo ». De quoi s'emmêler la pellicule.

Camisole : maillot de corps, débardeur. Petit haut féminin à bretelles. En France, le sens premier du mot est tombé en désuétude pour ne retenir que la camisole « de force », réservée aux malades mentaux. Au Québec, tout le monde peut en porter une. De là à en tirer des conclusions hâtives…

Canal : chaîne de télévision. Concerne aussi bien le nom que le numéro de la chaîne. « C'est sur quel canal ton émission ? » Pour une chaîne française par exemple, on peut répondre « sur la 5 » ou « sur Arte ». Le numéro de canal est indispensable pour s'y retrouver parce qu'avec plusieurs centaines de chaînes, allez vous souvenir des noms !

Canceller [prononcer cancélé] : (angl. *to cancel*) annuler, décommander. « Cancelle le rendez-vous de lundi après-midi et cédule-le pour jeudi matin » (annule le rendez-vous de lundi après-midi et programme-le pour jeudi matin). De moins en moins utilisé au profit du mot français. **Cancellation :** annulation.

Canne : (angl. *can*) boîte de conserve, canette. **Canne de sirop :** sirop d'érable en conserve. **Cannages :** conserves.

Canneberge : sorte d'airelle qui se consomme séchée, en confiture, en gelée et tout particulièrement en jus. Acidulée et astringente elle est reconnue pour ses qualités thérapeutiques, notamment pour prévenir les infections urinaires. Se dit aussi atoca ou ataca (mot amérindien iroquois). La sauce aux atocas est traditionnelle à Noël.

Capable (être) : 1 – Pouvoir le faire. 2 – Être fonceur, ne pas avoir froid aux yeux. « Té un capab toé, t'es kékeu chose ! » (t'es un battant toi, t'en veux !)

Ça paraît : ça se voit.

Cap de roue : (angl. *cap*) enjoliveur, sur un véhicule.

Capoté : cinglé, délirant, fou. « C'te fille là é mourante, complètement capotée ! » (cette fille est trop drôle, complètement folle !).
Capoter : 1 – Paniquer, angoisser, flipper. 2 – S'emporter, perdre la tête, perdre son sang-froid, péter les plombs. 3 – Ne pas en croire ses yeux, ses oreilles. Plus généralement, ce terme est utilisé à toutes les sauces quand il s'agit d'exprimer une émotion forte. Le ton et le contexte permettent d'en saisir le sens. « Cette fin de semaine au club y'avait une pitoune accotée au bar qui m'faisait capoter. J'étais à la crouser quand son chum s'est amené. Un bum plein d'tatoos ! Là mon gars j'ai vraiment capoté ! » (ce week-end en

boîte de nuit y'avait une jolie fille appuyée au bar qui me faisait halluciner. J'étais en train de la draguer quand son copain s'est amené. Un gros dur plein de tatouages. Là mon vieux j'ai vraiment flippé). « J'capote, ce show d'humour est écœurant, chu crampé ! » (je délire, ce spectacle humoristique est génial, je suis mort de rire).

Ça prend : il faut. « Ça prend un passeport pour aller aux États astheur, le baptistère ne suffit plus » (il faut un passeport pour aller aux États-Unis maintenant, l'acte de naissance ne suffit plus).

Caribou : renne du Canada dont la chair est comestible. **Du caribou :** boisson traditionnelle faite de vin rouge et d'alcool.

Carreauté : quadrillé, à carreaux. Les bûcherons portent des chemises carreautées. Voir *barré.*

Carrosse : (faux ami) poussette ou landau.

Cartable : (faux ami) classeur. Un cartable d'écolier se dit « sac d'école ».

Carte soleil : carte d'assurance-maladie du Québec. L'équivalent de la carte Vitale. Un joli nom pour *être en santé*! Voir *assurance santé.*

Ça se peut-tu ! : Incroyable ! Est-ce possible ?

Casque [prononcer *cass*] : (faux ami) chapeau. **Casque de poil [prononcer *cass de poèl*]** : chapeau de fourrure. **Casque de bain :** bonnet de bain.

Catcher : (angl. *To catch*) saisir, comprendre, piger.

Cave : stupide, qui ne pense pas plus loin que le bout de son nez. Crédule. Variante : niaiseux.

Céduler : (angl. *to schedule*) programmer, organiser. Prendre rendez-vous, noter sur un agenda, faire un planning. **Une cédule :** planning, planification, horaire, programme.

Centre d'achat : centre commercial.

Certain : sûrement. « Il vient certain. »

C'est faite un brin sur rien : c'est fragile.

C'est l'temps : c'est le moment. « L'été c'est l'temps des ventes de garages » (l'été c'est le moment des vide greniers).

Chaise berçante, branlante, une bârçante : (angl. *rocking-chair*) chaise à bascule. Dès le printemps on les voit pousser ici et là dans les jardins, sur les balcons ou les terrasses. C'est un des grands plaisirs québécois que de profiter de la douceur du temps qui passe en se « branlant » sur ces chaises particulières. Voir *branler*.

Chalet : maison de campagne, résidence secondaire. « On va au chalet cette fin de semaine. » Il y a chalet et chalet ; du cabanon rudimentaire (avec ou sans électricité et eau courante) au typique « chalet en bois rond » (fait avec des troncs d'arbres empilés les uns sur les autres) en passant par le bungalow ou la luxueuse villa secondaire. Certains Québécois sont propriétaires de chalets perdus au fin fond d'une « terre à bois » accessible uniquement avec un quatre-quatre, une motoneige en hiver ou un bateau. Ils peuvent alors se la jouer trappeurs et faire fantasmer les Français dans leur « cabane au Canada » ! On trouve des chalets à louer le week-end, pendant les vacances, voire même à l'année.

Chance (prendre une) : (angl. *take a chance*) prendre le risque, tenter le coup, profiter d'une opportunité. « J'prends pas d'chance » (je ne m'y risque pas). **Courir la chance :** tenter sa chance. « Courez la chance de gagner un voyage pour deux en République Dominicaine. » En courant vite on a plus de chance d'attraper… la chance !

Chandail, de laine, de coton ouaté : pull, de laine, de coton.

Change (du) : (angl.) monnaie. « T'as-tu du change pour le parcomètre ? » (as-tu de la monnaie pour le parcmètre ?) « C'correc, gardez l'change » (c'est bon, gardez la monnaie).

Char [prononcer en marquant fortement le â dans les graves] : voiture. **Partir un char :** démarrer une voiture. **Avoir son char :** en avoir assez… peut-être parce que la voiture ne démarre pas ! **C'est pas un gros char :** il n'est pas bien intelligent. **C'est pas les gros chars :** ce n'est pas terrible. **Avoir vu passer les gros chars :** ne pas être né d'hier. **Les petits chars :** (vieilli) le tramway.

Charger : (angl. *to charge*) facturer. « Il t'a chargé combien pour ton ordinateur ? » C'est clair que certaines factures sont des charges qui vous plombent le budget !

Chassis : (faux ami) fenêtre.

Chaud (avoir) : (faux ami) avoir la trouille. Faux ami pas tout à fait, puisqu'employé au passé, quand un Français dit « j'ai eu chaud », c'est bien qu'il a eu peur.

Chaudière : (faux ami) seau.

Chaudron : (faux ami) casserole.

Chauffer : (faux ami) conduire. « J'aime pas chauffer dans la noirceur » (je n'aime pas conduire la nuit). « Chauffer son char. » Variante : mener un char.

Chaufferette : radiateur d'appoint.

Chaussettes : (faux ami) pantoufles. Voir *bas* et *chaussons.*

Chaussons : 1 – (faux ami) chaussettes. Voir *chaussettes.* 2 – Un individu ignare, mal dégrossi, rustre et mal vêtu. Bête comme ses pieds.

Ché : je sais.

Cheap [prononcer *tchip*] : (angl). 1 – Bon marché, de mauvaise qualité. 2 – Personne mesquine, sans générosité. Radin. Personne minable, sans classe et près de ses sous. Variante : petit peuple. « C'est plaisant d'vouère qu'y â pas que du monde cheap, ça change de Guilaine, a nous off'e des chocolats qu'a l'achète au Dollarama. A fait vraiment p'tit peuple » (c'est agréable de constater qu'il n'y a pas que des radins, ce n'est pas comme Guilaine qui nous offre des chocolats achetés chez Lidl. Elle est vraiment pitoyable).

Checker [prononcer *tchecker*] : (angl. *to check*) vérifier, regarder, surveiller. « Tchek' ben ça ». « J'va tchecker mon bécique, me semble que j'ai pogné un flat » (je vais vérifier mon vélo, je crois que j'ai crevé).

Chez nous : chez moi.

Chiâlage : plainte. **Chiâle :** engueulade, dispute. **Chiâler :** engueuler. Se plaindre, rouspéter, râler. Dans ce domaine, Français et Québécois ont des talents communs. **Chiâleux :** grincheux, râleur.

Chienne (avoir la): 1 – Avoir la flemme, être paresseux. Voir *lâche*. 2 – Avoir peur. Être peureux.

Chien sale: salaud, enfoiré. Quelqu'un qui vous a fait un mauvais coup.

Chien (t'es-t'un chien pas d'médaille): tu es misérable.

Chicane: dispute. **Chicane de ménage:** dispute de couple.

Choquer (se): se fâcher.

Chortcotte: (angl. *short-cut*) raccourci.

Chotte (d'une): (angl. *shot*) d'un seul coup. **Boire d'une chotte:** boire cul-sec. **Tout d'une chotte [prononcer *toute*]:** tout en même temps. « T'as-tu commencé à maller les invitations? — Non, je les envoierai toutes d'une chotte » (As-tu commencé à poster les invitations? Non, je les enverrai toutes en même temps).

Chouette: petit mot affectueux réservé aux petites filles. « Viens-t'en par là me donner un bec ma chouette » (viens ici me faire une bise ma mignonne).

Chu: je suis.

Chum [prononcer *tcheum*, parfois *tchom*]: (angl). 1 – Copain, pote, ami. 2 – Petit ami. Pour désigner leur meilleur ami, filles et garçons diront « mon grand chum ». Pour un simple ami un garçon dira « mon chum » mais une fille s'en gardera bien car dans sa bouche, cela signifie « mon amoureux. » Ainsi, pour devenir le chum d'une Québécoise, autant se la jouer latin lover (sacrés Français!) sinon vous risquez de finir estampillé « grand chum » ou pire, de passer inaperçu dans sa gang de chums (son groupe d'amis, sa bande de potes)!

Chum de fille [prononcer *tcheum*]: 1 – Copine, amie. « Je sors avec mes chums de fille a souère » (je sors avec mes copines ce soir).

Cibouère: (religieux *ciboire*) juron, blasphème. « Saint-ciboüère, quessé tu fous là? » « Ciboüère, m'as-tu vu la pitoune, toé! » (Bon sang, mate-moi le canon!) Euphémisme: cibole.

Cinq à sept : (faux ami) ni adultère, ni gaudriole, il s'agit juste de prendre un pot avec ses collègues le jeudi soir après le boulot, entre 17 et 19 heures environ, voire beaucoup plus tard si l'ambiance est bonne. Ainsi les gens peuvent se découvrir en dehors du travail sous un jour plus personnel et plus détendu, renforçant du même coup la cohésion des équipes et le sentiment d'appartenance. C'est aussi une façon de fêter la fin de la semaine qui approche. Les cinq à sept n'ont pas lieu le vendredi car tout le monde est pressé de partir en week-end. Les rapports hiérarchiques dans le milieu du travail étant très peu marqués au Québec, il n'est pas rare que les patrons participent à ces sorties. Par extension, un cinq à sept c'est prendre un pot avec un ou plusieurs amis, de la famille, etc., généralement le jeudi en fin d'après-midi. Ce jour-là les bars montréalais sont bondés, avec une forte proportion de mecs en costumes et de nanas en tailleur. Si vous n'êtes pas au parfum, la première fois qu'un collègue Québécois vous propose un cinq à sept, vous le trouvez tout de même un peu direct côté drague. Quand un deuxième puis une troisième collègue vous demandent si vous venez, vous commencez à vous poser des questions sur l'entreprise. Les mœurs québécoises seraient-elles à la partouze ? Quand le boss en personne vous invite vous osez enfin lui demander ce que veut dire cinq à sept. Vous découvrez alors l'absence d'équivoque de l'invitation tandis que vos collègues s'étonnent du sens français de l'expression. Ceci dit, un cinq à sept québécois peut se transformer en cinq à sept français, si affinités !

Claque, shoe-claque : sorte de couvre-chaussure en caoutchouc qu'on enfile par-dessus ses souliers pour les protéger de la neige ou de la pluie. Pourquoi ? Parce que le Canada, comme le chante Gille Vigneault « ce n'est pas un pays, c'est l'hiver », et que pour faire front, du calcium (sel de calcium) et des gravillons acérés sont répandus dans les rues dès les premières neiges. L'un fait fondre la neige, les autres font office de crampons pour permettre aux semelles de s'agripper tant bien que mal au sol gelé. Le tout ronge, griffe et baigne dans une neige boueuse (voir *sloche*) capable de venir à bout d'une paire de chaussures en moins d'un hiver. D'où les claques ! Ça évite en plus les bottes crottées au bureau ou la paire de rechange à trimbaler. Le plastique c'est fantastique. À noter qu'avec les nouvelles normes environnementales, le sel de calcium est de moins en moins utilisé car il n'est pas écologique.

Clavarder : chatter sur le net. Vient des mots « clavier » et « bavarder ».

Cliquer : bien s'entendre, accrocher, avoir des affinités avec quelqu'un qu'on vient de rencontrer. Comme cela signifie aussi appuyer sur le bouton d'une souris, un site de rencontre sur Internet, jouant sur les deux sens du mot, en a fait son solgan : « le site où les célibataires cliquent ».

Club [prononcer *club*, comme dans *cube*, et non pas *cleub* à la française] : boîte de nuit.

Cogner des clous : piquer du nez, s'endormir. Expression imagée qui, quand on s'endort assis, décrit le mouvement que fait la tête en piquant en avant emportée par son propre poids, comme si le front voulait aller enfoncer un clou.

Coke : (angl. *Coca-Cola*) un Coca. **Un coke diète :** un Coca light.

Colleux : personne affectueuse, câline, qui se colle aux autres.

Colon : 1 – Niais, sot, idiot, naïf. 2 – Rustre, ignorant, beauf. Fait référence aux premiers hommes venus occuper, défricher et cultiver le Canada. **Passer pour un colon :** passer pour un imbécile.

Condom : préservatif masculin. Les Québécois utilisent plutôt le mot préservatif dans le sens de conservateur des aliments.

Converser : discuter, s'entretenir. En France le mot est tombé en désuétude.

Coquerelle : cafard (insecte).

Correc : bon, bien, adéquat. **C'est correc [souvent prononcé *scorèc*] :** c'est ok, c'est bon, c'est juste, ça ira, c'est d'accord, etc. Très usité, un peu à toutes les sauces, pour dire que tout va bien. Qu'on s'excuse pour vous avoir écrasé le pied ou que vous vouliez que le marchand garde les deux ou trois cents qu'il doit vous rendre, vous utiliserez « c'est correc ». Pour le premier exemple cela revient à dire « y'a pas de mal », pour le second « gardez la monnaie. »

Cossin : babiole, petite chose quelconque, camelote, pacotille.

Coudon : interjection exprimant la surprise, l'impatience ou l'incompréhension. « Coudon ! Je peux-tu parler moi icitte ? » (Hey ! Je peux en placer une ?)

Couple (une) [prononcer *coupeule* ou *coupe*] : deux. « Ça prend une couple d'heures pour sécher » (ça met deux heures à sécher). **Une couple de jours :** (angl. *couple of days*) deux jours.

Coureur de bois : 1 – (historique, péjoratif) hors-la-loi qui désertait les lieux de colonisation de la Nouvelle-France pour faire de la contrebande de pelleteries avec les Amérindiens et qui adoptait le plus souvent leur mode de vie. 2 – (historique) aventurier bénéficiant d'un permis des autorités pour faire le commerce des pelleteries avec les autochtones, soit pour son propre compte, soit pour un marchand ou une compagnie. 3 – Figure héroïque, mythique et folklorique de l'histoire nord-américaine, symbole d'errance, d'indépendance, de liberté, d'esprit d'aventure et de métissage avec les autochtones. Archétype traditionnel des Canadiens français, le fameux trappeur des films de cow-boys et d'Indiens. Qui ne connaît pas Davy Crockett ?

Coureux : qui aime voyager. **Gang de coureux :** groupe qui aime voyager.

Coûter un bras : coûter la peau des fesses. Très cher, hors de prix. « Ça (me) coûte un bras ». Visiblement les Français et les Québécois ne tiennent pas pour précieuses les mêmes parties de leur anatomie !

Couverte [souvent prononcé *couvarte*] : couverture. **En dessous de la couverte :** au noir (en parlant d'un travail).

Cramper : 1 – Rire aux éclats, aux larmes, être tordu de rire. « Y m'font cramper au festival Juste pour rire. » 2 – Braquer ses roues, notamment pour accrocher dans la neige. « Crampe en masse ! » (Vas-y à fond ! Braque à fond !)

Crinquer : (angl. *to crank*) 1 – Mettre à l'épreuve, énerver, pomper l'air de quelqu'un. 2 – Remonter un réveil mécanique, une horloge, etc. « Quand ma matante était tannée d'la visite, a crinquait l'cadran dans la cuisine pour faire comprendre que c'était l'temps, qu'a voulait s'coucher. » (quand ma tante trouvait qu'il était temps que les visiteurs partent, elle remontait le réveil dans la cuisine pour leur faire comprendre qu'elle voulait se coucher).

Crise de cœur (une) : une crise cardiaque, ou comment mettre de la poésie dans la tragédie...

Crisse : (religieux *Christ*) juron religieux, blasphème. Crisse de bâtard, d'épais, de chien sale, etc. « Touche pas à ça mon crisse ! » « Vite crisse on va manquer le début du film. » « C'était crissement poche comme film » (c'était nul ce film). Le *sacre* québécois étant à multiple facettes, il peut aussi se faire amplificateur de compliment : « T'es belle en crisse » (c'que t'es belle !) **Se mettre en crisse :** se fâcher, se mettre en colère. Euphémisme : *crime.* **Oreilles de crisse :** grillades de lard salé, plat typique de la *cabane à sucre.* Graphie plus rare : oreilles de Christ. **Un p'tit crisse :** personne dont il faut se méfier, qui n'est pas fiable, qui fait ses coups par en dessous, pas franc, qui trompe son monde. Proverbe : « mieux vaut être un bon yâb qu'un p'tit crisse » (mieux vaut être un bon diable qu'un petit hypocrite). Graphie plus rare : un p'tit Christ.

Crisser : (religieux *Christ*) juron utilisé en verbe. Exprime généralement une certaine violence, comme quand un Français dit « fous-moi la paix » plutôt que « laisse-moi tranquille ». « Crisse ça là » (fous ça là). « Y m'a crissé dans a bouette » (il m'a poussé dans la boue). « A m'a crissé là » (elle m'a quitté). « J'ai envie de toute crisser ça là » (j'ai envie de tout planter là). « Quessé tu crisses ? » (qu'est-ce que tu fous ?) **S'en crisser :** s'en foutre. « J'm'en crisses-tu de c'qu'eux z'aut'pensent ! » (je me fous de ce que pensent les autres). **Crisser dehors [prononcer *déhors*] :** congédier vertement, foutre à la porte. **Crisser son camp :** foutre le camp. « Crisse ton camp d'icitte » (va t'en, dégage). Voir *sacrer son camp.*

Croche : 1 – Bancal, de travers, qui n'est pas droit. « Il a l'œil croche » (il louche). 2 – Malhonnête, louche, bizarre. 3 – Courbe sur la route, tournant. **Penser croche :** avoir les idées mal placées. **Se sentir croche :** être mal fichu, mal dans sa peau, malheureux.

Crosser : arnaquer, escroquer. **Se crosser :** (très vulgaire) se branler.

Crosseur : arnaqueur, escroc, menteur. « Un esti de crosseur » (un sale menteur).

Crouser : (angl. *to cruise*) draguer.

Croustilles : chips et amuse-gueules salés.

Croûte : surface de la neige qui a durci avec le froid.

Culottes : pantalon. Toujours au pluriel. « T'as des belles culottes en laine. » Voir *bobettes.*

Cute [prononcer *quioute*] : (angl.) joli, mignon, craquant, trognon, sympathique.

D'abord : puisque c'est ça. **O.K. d'abord :** ça va comme ça.

Date [prononcer *daïte*] : (angl.) rendez-vous amoureux.

Danseuse : strip-teaseuse. Vous faites partie du corps de ballet de l'Opéra de Paris et vous visitez la Belle Province ? Il serait judicieux de préciser à vos hôtes Québécois que vous êtes « danseuse de ballet » sinon, il est fort à parier que selon vos interlocuteurs, l'ambiance se refroidisse ou au contraire, devienne franchement égrillarde !

Dash : (angl. *dashboard*) tableau de bord.

DC : disque compact à l'écrit (en bon français, puisque CD, compact disc, c'est anglais !) À l'oral les Québécois disent CD.

Débâcle : durant l'hiver les glaces prennent sur le fleuve Saint-Laurent, on appelle ça l'embâcle. Au printemps, sous l'influence de l'air qui se réchauffe, du vent et du courant, cette épaisse couche de glace éclatte en gros blocs. C'est la débâcle. Voir dériver ces îles gelées, icebergs glissant au grès du courant, est un spectacle « de toute merveille », comme on dit au Québec. Dans la ville de Québec, le point de vue depuis les plaines d'Abraham est particulièrement saisissant, comme si de grands navires de glace entraient doucement dans la cité. **Avoir la débâcle :** avoir la diarrhée.

Débarbouillette : le gant de toilette québécois ! En fait, un carré de tissu éponge d'environ 30 cm, sans couture. Le gant de toilette tel qu'on le connaît en France n'existe pratiquement pas au Québec.

Débarque (prendre une) : 1 – Faire une chute, avoir un accident. « Il s'est pris une méchante débarque à ski. » 2 – Échouer, rater.

Débarquer : descendre. Le Québécois débarque de tout ou presque : d'une barque, d'un métro, de l'autobus, de l'avion, de son char, etc. Quand la descente s'effectue mal et qu'il se casse la figure c'est une « méchante débarque » (mauvaise chute). Quand il est en échec scolaire, il débarque même de l'école. « Le Cirque du Soleil débarque en ville, c'est l'temps d'aller faire la file au guichet » (le Cirque du Soleil arrive en ville, c'est le moment d'aller acheter des billets). Voir *embarquer.*

Débarrer : déverrouiller, ouvrir. Voir *barrer.*

Débattre : palpiter, en parlant du cœur. « Le cœur me débat, chu en amour ! » (mon cœur palpite, je suis amoureux !)

Débeurrer (se) : se laver, se nettoyer. Dit comme ça, on a vraiment l'impression qu'il y en a une couche ! À croire que le Québécois se lave tous les trente-six du mois ! Pourtant c'est plutôt les Français qui, question hygiène, n'ont pas franchement la réputation d'être aseptisés. L'invention du bidet, notamment, a véhiculé l'idée que le Français a une hygiène « limitée ». Pourquoi ne se laver que certaines parties quand on peut tout laver ? C'est ce que les Nord-Américains ont du mal à comprendre, à la fois dégouttés mais aussi émoustillés car le bidet, de par ce qu'il sert à laver, fait fantasmer ! Pour avoir inventé un tel objet, le peuple français serait-il plus chaud lapin que les autres ? En disparaissant le bidet emporte avec lui un peu de l'aura sulfureuse qu'il donnait aux Français !

Décâlisser [prononcer en marquant fortement le â] : (religieux *calice*) (très grossier) foutre le camp, déguerpir. Signifie la même chose que *câlisser son camp* mais avec une gradation plus forte dans l'émotionnel. Câlisser son camp c'est partir parce qu'on en a marre ; décâlisser c'est se tirer parce que ce n'est plus supportable. Ne cherchez pas à retenir un Québécois qui décâlisse où vous risquez de vous faire « câlisser une claque sa yeule » ! (vous allez vous en manger une quoi !) Voir *crisser* et *décrisser.*

Décâlissé : abîmé, démoli. Voir *magané*.

Décapant : Coca-Cola. Nettoyez vos bijoux avec cette *liqueur* et vous verrez que le terme québécois n'est pas exagéré !

Décapoter (se) : (vieilli) enlever son manteau, du temps où le sida n'existait pas et où la capote était un vêtement que les moins de vingt ans ne peuvent pas connaître !

Déchanger (se) : se changer.

Dèche : (faux ami, vraiment très vulgaire) sperme. L'expression « être dans la dèche » est donc à proscrire si vous ne voulez pas choquer les Québécois. Voir *Gomme : être tout gommé*.

Déchoquer (se) : s'apaiser, se remettre d'un choc.

Décrisser : (religieux *Christ*) foutre le camp. Entre décrisser et *crisser son camp*, la seule différence est la nuance émotionnelle, comme entre *câlisser son camp* et *décâlisser*. On crisse son camp quand on en a marre, on *décrisse* quand on en a vraiment par-dessus la tête. Il y a des degrés dans l'exaspération ! On peut aussi tout mélanger, mais attention, pas n'importe comment car jurer est un art au Québec : « toé, décrisse câlisse de chien sale ! » (Fous le camp putain d'enfoiré !)

Décrocher : abandonner l'école. **Décrocheur :** qui abandonne l'école. **Décrochage scolaire :** abandon de l'école. Concerne particulièrement les jeunes quittant l'école sans diplôme après le collège.

Décrochir : redresser. Voir *croche*.

Défaite : prétexte, excuse. « C'te gâ-là c't'un un courâilleux, y s'est trouvé une défaite pour switcher d'blonde » (ce gars-là c'est un coureur de jupons, il s'est trouvé une excuse pour changer de copine). « J'ai une défaite pour pâ y'aller. »

Dégêner : à l'aise, moins timide. « Y disait pas un mot mais ma t'dire qu'à la fin du parté, avec d'la broue dans l'toupette, y s'est dégêné ! » (il ne disait pas un mot mais je peux te dire qu'à la fin de la soirée, avec un verre dans le nez, il n'était plus timide !) **Se dégêner :** se mettre à l'aise, être moins timide.

Dégreyer (se) : enlever son manteau.

Dégripper (se) : 1 – Guérir de la grippe. 2 – Se tirer d'affaire.

Déguédine, déguédine Dan : bouge-toi, secoue-toi, dépêche ! « Dan », diminutif de Daniel, n'a d'autre utilité que d'accentuer l'allitération. De quoi se lancer en chanson : allez chauffe Marcel !

Déguédille ! : ouste !

Déjeuner : (faux ami) petit-déjeuner (le matin). Voir *dîner* et *souper*.

Délabre (en) : en ruine, délabré.

De même : comme ça. « Laisse faire la nounoune, c'est patenté tout croche. Tcheck-moé ben, tu fais d'même » (laisse tomber nunuche, c'est bricolé n'importe comment. Regarde-moi bien, tu fais comme ça).

Demeure (à) : 1 – Bien fait, fait solidement. « Cette maison est faite à demeure. » 2 – Tout à fait, complètement, absolument. « Robert est fou à demeure. »

Déniaiser : 1 – Se délurer. 2 – Ne pas faire l'idiot. Se faire déniaiser version française c'est plus olé olé. Ceci dit après avoir fait des galipettes pour la première fois, on est moins idiot sur le sujet !

Dépanneur : petite épicerie de quartier offrant une gamme limitée de produits d'alimentation et de consommation courante, ouverte très tard la nuit et très tôt le matin, voire 24 h/24.

Déparler : faire un lapsus (généralement sous l'effet de la fatigue).

Dépenseux : panier percé, l'argent lui coule entre les doigts.

De plus : en plus.

De quoi : quelque chose, ce qu'il faut, le nécessaire. « J'ai l'goût de m'sucrer l'bec, j'va faire un gâteau avec ben du crémage. Y'a-tu de quoi ou faut faire l'épicerie ? » (j'ai envie de sucré, je vais faire un gâteau plein de glaçage. Y'a ce qu'il faut ou faut faire des courses ?). « Tu m'as-tu dit d'quoi ? » (tu m'as dit quelque chose ?)

Dérenché, déwrenché [prononcer *dérouènneché*] : (angl. *wrench*) déglingué, cassé, tordu. « Il s'est déwrenché le coude. »

Désâmer : 1 – Détruire, mettre en pièce un objet. 2 – Faire mourir. **Désâmer (se) :** s'épuiser, se dépenser, se donner corps et âme.

Deux de pique (un) : 1 – Idiot, imbécile, stupide. 2 – Cocu. Est-ce qu'un idiot est cocu parce qu'il est idiot ou qu'un cocu est assez idiot pour se faire piquer sa femme ?

Diable (avoir l'air du) [prononcer *yâb*] : être mal habillé, mal bâti.

Diachylon : pansement.

Diète : (angl. *diet*) 1 – Régime. « Je suis à la diète » (je suis au régime). 2 – Allégé. Coke diète (Coca light).

Difrost : (angl. *defrost*) dégivreur.

Diguidi ha ha (faire du) : 1- Faire des folies sexuelles. 2- Faire des imbécilités. « Arrête ton diguidi ha ha » (Arrête tes imbécilités). Variante : Arrête tes niaiseries.

Dîner : (faux ami) déjeuner (le midi). Voir *déjeuner* et *souper.*

Disable (c'est pas) : 1 – C'est incroyable. 2 – C'est indescriptible.

Dispendieux : cher, coûteux, onéreux.

Djamer : (angl. *to jam*) 1 – Bloquer, coincer, emmêler. « L'imprimante est djamée ». 2 – Congestionner, embouteiller (circulation). **Djammé :** immobilisé, congestionné.

Dodicher : 1 – Bercer un enfant dans ses bras. 2 – Dorloter. 3 – Peloter. On est dodiché différemment à mesure qu'on vieillit !

Doigt de dame : boudoir, biscuit à la cuiller.

Dolle, dâl : (angl. *dull*) ennuyeux, barbant, insipide.

Dompe : dépotoir. Décharge municipale. **Dompeuse :** benne.

Domper : laisser tomber, se débarrasser.

Donner son quatre pour cent : congédier, éconduire. Lors d'un licenciement, indemnité qui correspond à deux semaines de salaire (soit 4 % du salaire annuel) par année de présence.

Donner, y donner la claque : mettre l'effort nécessaire, mettre toute la gomme. « Té capab, t'as jusse à y donner la claque » (tu vas réussir, il te suffit d'y mettre la gomme).

Douillette : couette, couvre-pieds.

Douilleter (se) : se dorloter.

Doux (mon) : (religieux *mon doux Seigneur*) mon Dieu !

Drafte : (angl. *draught*) bière pression. Un demi.

Draperies : rideaux.

Drette : droite. **À drette :** à droite (direction). **Drette a soir :** dès ce soir. **Drette-là :** d'un seul coup, sur le champ.

Drill (une) : (angl) perceuse.

Drink (un) : (angl) boisson alcoolisée.

Drummer [prononcer *dremmeur*] : (angl.) batteur (musicien).

Duplex : maison formée de deux appartements l'un au-dessus de l'autre, ou côte à côte, loués ou vendus séparément. Il y a aussi des triplex et des quadruplex. Au-delà on parle de multiplex.

Dur (faire) : 1 – Avoir l'air idiot, ridicule, fou, laid. « La nouvelle bibliothèque fait dur » (la nouvelle bibliothèque est moche). 2 – Faire pitié. « Ça fait dur de voir tous ces itinérants » (ça fait pitié de voir tous ces clochards). 3 – N'avoir aucun bon sens. 4 – Être mal habillé. « A fait dur avec ses bas carreautés et ses culottes barrées » (elle ne ressemble à rien avec ses chaussettes à carreaux et son pantalon rayé).

E

É : elle est. « C't'une péteuse de broue mais é cute pareil » (c'est une vantarde mais elle est mignonne quand même).

Eau (avoir de l'eau dans la cave) : porter des pantalons trop courts, ou dont les jambes sont d'inégale longueur. **Faire eau :** être percé, avoir une fuite. « Le toît fait eau ».

Écarter : (faux ami) égarer, perdre. « J'ai écarté une chaussette » (j'ai égaré un chausson). **S'écarter :** se perdre, s'égarer. « Je suis écarté ». Ce mot n'a pas le même sens en France mais pourtant, certains vous diront que s'écarter du droit chemin, c'est se perdre ! **C'est écartant :** on s'y perd.

Écartiller : 1 – Écarquiller les yeux. 2 – Écarter les jambes, les cuisses, les pieds. Blague québécoise olé olé jouant sur les mots : « Si le Petit Chaperon Rouge se serait écartillée au lieu de s'écarter, elle se serait faite manger mais ne serait pas morte » (si le Petit Chaperon Rouge avait écarté les cuisses au lieu de se perdre dans la forêt - voir *écarter* - elle se serait fait « manger », certes, mais n'en serait pas morte puisqu'on parle ici de cunnilingus).

Échalotte : (faux ami) cive.

Échapper : faire tomber, laisser échapper. **S'échapper :** 1 – Révéler des choses par mégarde, faire des indiscrétions. 2 – S'emporter, être en colère. Sous le coup d'une émotion, proférer des paroles ou se laisser aller à des actes inconsidérés. 3 – Péter ou uriner involontairement. **Échapper une occasion :** laisser passer, perdre une occasion.

Écharpe : (faux ami) écharde. Le « p » fait le poirier, si les autres lettres s'y mettent, *on n'est pas sorti du bois*! L'écharpe qui se noue autour du cou est appelée « foulard ».

Échevelé : décoiffé.

Écœurant : signifie aussi bien dégoûtant, nul, minable que fabuleux, génial, excellent, extraordinaire. « Gad-moé ce gros écœurant » (regarde-moi ce gros nul). « J'ai vu Céline à Las Vegas, c'était un écœurant d'bon show! » (j'ai vu Céline à Las Vegas, c'était un concert génial!) Bien entendu il s'agit de Céline Dion, que les Québécois appellent par son petit nom, peut-être en signe d'affection car, qu'ils l'aiment ou non, elle véhicule internationnalement une certaine idée du Québec.

Écornifler : chercher à voir ce qui se passe chez les autres. **Écornifleux :** personne trop curieuse.

Écouter un film, la tévé, un documentaire, etc. : au Québec on ne regarde pas un film, la télévision ou un documentaire, on l'écoute. Une des principales chaînes de télévision canadienne s'appelle même Radio Canada. « J'ai écouté Radio Canada hier a soir, y'avait un reportage sur Cancun, y f'sait soleil pas à peu prêt. C'que j'ai hâte au printemps! » (j'ai regardé - la chaîne de télévision - Radio Canada hier soir, il y avait un documentaire sur Cancun, il faisait un sacré soleil. Ce que j'ai hâte d'être au printemps!) **Écouter une vue :** regarder un film. N'y a-t-il pas un peu d'esprit de contradiction dans tout ça? Le mot vue tombe peu à peu en désuétude au profit du mot film.

Écrapoutir, acrapoutir : (langage enfantin) écrabouiller, écraser, aplatir complètement.

Efface (une) : gomme à effacer. Voir *gomme*.

Effoirer : renverser. Répandre. **S'effoirer :** s'affaler, s'effondrer, s'étendre, s'écraser, se vautrer. « J'ai pu d'jus après la job, chu jusse bon à m'effoirer d'vant la tévé » (je suis épuisé après le boulot, je ne suis bon qu'à m'affaler devant la télé). Le terme exprime la dilatation, l'expansion, l'étalement, la prise de place et d'espace sur une surface. Quand on renverse quelque chose on a moins de nettoyage à faire que quand on l'effoire. Variante *évacher*.

Effrayant: marque l'exagération. « C't'effrayant comme y'é tannant c'te ti-cul là » (c'est terrible ce qu'il est énervant ce morveux-là).

Eille!: Eh! « Eille toé, vient t'en par icitte! » (eh toi, viens par ici!)

Embarquer: monter dans un véhicule. **Se faire embarquer:** se faire avoir.

Emmieuter (s'): devenir plus beau, en parlant du temps. « N'a eu toute une bordée. Oublie pas ton cass de poèl pis ton foulard, ça s'emmieute pas pantoute. » (On a eu une sacrée chute de neige. N'oublie pas ton chapeau de fourrure et ton écharpe, ça s'arrange pas du tout).

Empironner: devenir moins beau, en parlant du temps. « Y breumassait a matin, y'en a tombé une chotte su l'heure du déjeuner et ça l'air qu'ça empironne. C'est certain qu'à souère ça renfonce » (il bruinait ce matin, il a vraiment beaucoup plu ce midi et visiblement ça empire. C'est sûr que ce soir on s'embourbe). Variantes: *rempironner, rempirer.*

En autant que: dans la mesure où, du moment que.

En bas de: en dessous de. « Fait frette par 30 en bas de zéro » (ça caille par – 30 °C).

Encan (un): vente aux enchères.

En dedans: 1 – Dedans, à l'intérieur. « Y'é où Mario? — Yé en d'dans. » (Il est où Mario? — Il est à l'intérieur). « Je m'sens triss en d'dans » (je me sens triste). « J'ai mal en d'dans, j'penserais ben qu'c'est un problème de colon irritable. » 2 – Prison.

Enfarger (s'): s'empêtrer, trébucher, buter contre quelque chose. « Ma su enfargé pis j'ai magané mes culottes » (j'ai trébuché et j'ai sali mon pantalon). « A s'enfarge dans ses menteries » (elle s'empêtre dans ses mensonges). **S'enfarger dans les fleurs du tapis:** se compliquer la vie, se perdre dans les détails. **Enfarge:** entrave, obstacle.

Enfirouâper: (angl. *in fur wrapped*) arnaquer, tricher, embrouiller quelqu'un. « Le millage de son auto a été trafiqué, c't'une minoune, y s'est faite enfirouâper par le vendeur de chârs » (le kilométrage de sa voiture a été trafiqué, c'est un vieux tacot, il s'est fait arnaquer par le concessionnaire). L'origine américaine de ce mot daterait de l'époque de la prohibition. L'alcool était interdit aux États-Unis alors les contrebandiers passaient en douce des bouteilles venant du Canada en les enveloppant dans des fourrures (*in fur wrapped* signifie *enveloppé dans la fourrure*). Ni vu ni connu, les douaniers se faisaient ainsi enfirouâper!

Engagé: occupé (sens limité à certaines expressions). « Sa ligne (téléphonique) est engagée. »

Engraisser: grossir, prendre du poids. Quand quelqu'un remarque que vous avez grossi, ce n'est généralement pas agréable, mais quand on vous dit que vous avez engraissé, ce n'est carrément pas sexy. De quoi se mettre au régime fissa. « La bouffe est tellement bonne en France qu'on prenait un souper cinq services* à tous les soirs. En une semaine de congé j'ai engraissé de six livres! » (la nourriture est tellement bonne en France qu'on se faisait la tournée des grands ducs tous les soirs. En une semaine de vacances j'ai grossi de trois kilos). Variante: faire du lard.
*Le nombre de services correspond au nombre de plats. Plus il y a de services, plus c'est sensé être chic, cher et gastronomique. Exemple de repas cinq services: Une entrée, un potage, une viande, un poisson, un dessert.

En… hostie, câlisse, tabarnak, simonac, (suivi du juron de votre choix): beaucoup, très, vachement, hyper. Amplificateur d'émotion. « C'est laite en hostie » (c'est super laid). « C'est doux en tabarnak » (c'est vachement doux). « Je suis en simonac après Manon » (je suis fâché après Manon).

Ennuyance: ennui, nostalgie.

En plein ça: tout à fait ça. C'est exactement ça.

Enregistreuse: magnétophone.

En santé: en bonne santé, en forme. « Pour vivre en santé, mangez des produits naturistes » (pour vivre en bonne santé, mangez des produits naturels). Faut-il se mettre tout nu pour passer à table?

En titi, en ti-pépère: beaucoup, énormément. « La bouffe est bonne en titi dans ce restaurant et la table d'hôte est pas dispendieuse » (la nourriture est super bonne dans ce restaurant et le menu n'est pas cher).

En tout temps: à tout moment, n'importe quand, à toute heure. « Le service à la clientèle est ouvert 24h, vous pouvez nous rejoindre en tout temps » (le service client est ouvert 24h/24, vous pouvez nous joindre n'importe quand).

Envoye! [prononcer *envouaille*]: allez! « envoye, dépêche! » (allez, grouille-toi!) « Envoye cibouère! Y'é pâs capab de pogner la poque mon tabarnak! » (Allez foutre diable! Il est incapable d'attraper le palet - de hockey – l'empoté!) **Envoyer la main:** saluer de la main, faire au-revoir de la main. Voir *tata.* **Envoyer quelqu'un su l'bonhomme:** l'envoyer promener.

Épais: 1 – Sans finesse, sans savoir vivre. 2 – Bête, idiot, stupide. Gros bêta. « Es-tu épais pour vrai? » (t'es idiot ou tu le fais exprès?) « Il est épais pas à peu près! » (il est crétin à un point, il fait pas semblant!) **Épais de:** suffisamment de, beaucoup. **Avoir la couenne épaisse:** être endurci, ne pas céder facilement. **En avoir épais sur le dos, le cœur, la conscience:** avoir de lourdes responsabilités. En avoir gros sur le cœur. Avoir beaucoup de choses à se reprocher.

Épeurant: apeurant, terrifiant.

Épicerie (faire l'): faire les courses. « J'fais mon épicerie le dimanche c'est ben moins achalandé » (je fais mes courses le dimanche, il y a moins de monde). À noter qu'au Québec les magasins sont ouverts tous les jours de la semaine.

Épinette: épicéa (conifère ressemblant au sapin). Expectorante, dépurative, sédative, digestive, légèrement purgative, l'épinette aurait de multiples vertus médicinales. De nombreuses tribus amérindiennes mâchouillaient la gomme-résine des diverses espèces d'épinette, inventant ainsi l'ancêtre du chewing-gum. Les jeunes pousses (bout des branches d'un vert plus clair) étaient consommées crues, cuites ou en décoction pour soigner la toux. L'écorce intérieure était grattée et consommée fraîche au printemps ou séchée pour l'hiver. On la servait mélangée avec des baies. On trouve encore aujourd'hui du sirop de sapin ou d'épinette, utilisé pour ses propriétés expectorantes. **Bière d'épinette, petite bière :** décoction de conifère fermentée qui, contrairement à ce que son nom indique, ne contient pas d'alcool. Elle a été fortement consommée par les premiers colons, notamment pour combattre le scorbut. Aujourd'hui la bière d'épinette industrielle n'est qu'un simple soda au goût de sapin. On trouve encore de la vraie bière d'épinette traditionnelle mais elle est beaucoup plus rare.

Recette de la bière d'épinette traditionnelle

Ingrédients : 12 litres d'eau - 24 grains de genièvre - 2 c. à thé de gingembre frais – 1 kg de cassonade - 1 bouquet d'environ 7 cm de diamètre de brindilles d'épinette (prendre les 15 derniers cm de la branche). **Préparation :** dans une casserole, porter à ébullition l'eau et ajouter les brindilles, le gingembre et le genièvre. Couvrir et laisser frémir à feu doux 1 h 30. Passer au tamis deux fois à l'aide d'un linge fin. Laisser tiédir. Prélever 500 ml de liquide. Y ajouter 125 ml de cassonade et 2 cuil. à thé de levure. Bien mélanger avant de réincorporer dans le reste du liquide. Ajouter le reste de la cassonade et bien mélanger. Transférer le mélange dans un seau en plastique et couvrir d'un linge ou d'une pellicule plastique. Laisser fermenter de 1 à 5 jours dans un endroit chaud, à l'abri des courants d'air. Ne pas déplacer le contenant, écumer régulièrement. Une fois la fermentation terminée, écumer et repasser au tamis. Servir frais.

Autres boissons traditionnelles d'Amérique du Nord

La racinette (root beer), boisson gazeuse aromatisée aux extraits de racines de sassafras. La bière de bouleau, cousine de la bière d'épinette. Certaines mauvaises langues vous diront qu'il suffit de manger du dentifrice ou de boire du Canard-WC pour avoir un aperçu assez fidèle de ce que « ça goûte »! Libre à vous de tenter l'expérience. Si tout cela reste très subjectif selon les papilles de chacun, au moins ça vous donnera bonne haleine!

Épinglette: pin's, broche. Variante: pin [prononcer *pine*]. Insigne de forme variable que l'on fixe sur un vêtement et qui porte un emblème, un logo représentant un organisme, une cause, une discipline sportive, etc. **L'épinglette coquelicot**, symbole du souvenir: le 11 novembre est le Jour du Souvenir au Canada. Cette journée nationale commémore le sacrifice des Canadiens servant leur pays en temps de guerre (l'armée canadienne est une armée de métier, il n'y a ni service militaire, ni journée d'appel de préparation à la Défense). À cette occasion des millions de Canadiens honorent leurs compatriotes morts à la guerre en portant une épinglette représentant un coquelicot rouge. C'est une marque de soutien et une forme de remerciement. Acheter cette épinglette c'est également une façon d'aider l'association des anciens combattants.

Épivarder (s'): 1 – S'exciter, s'énerver, se démener, faire le fou en s'amusant. 2 – Disperser ses efforts. 3 – Se perdre dans la dispersion.

Équerre (être d'): être de bonne humeur, dans son assiette. **Être d'équerre à:** être d'humeur à. **Ne pas être d'équerre:** 1 – Être de mauvaise humeur. 2 – Ne pas être d'accord.

Éreinte (à toute): de toutes ses forces, à pleine capacité, beaucoup, extrêmement, comme un forçat. Après avoir fait les choses à toute éreinte comme un Québécois, on finit éreinté comme un Français!

Ergar, argad, gad: contraction déformée de « regarde ». « Gad don ça! » Équivalent de la contraction française « r'garde ».

Escandale: (espagnol *escándalo*) scandale. **Escandaleux:** scandaleux.

Espadrille: (faux ami) chaussure de sport.

Espérer quelqu'un: (espagnol *esperar*) attendre quelqu'un.

Essence: parfum, goût. Yaourt à l'essence de bleuet. Voir *gaz*.

Essuie-vitre: essuie-glace.

Étage : les Québécois utilisent le système à l'américaine pour désigner les différents étages d'une bâtisse. Ainsi ils appellent « premier étage » le rez-de-chaussée, « deuxième étage » le premier étage et ainsi de suite. C'est *mêlant* pour les Français. Quand vous entrez dans une librairie, que vous demandez au libraire la section guides de voyage, qu'il vous répond « au premier étage » (c'est-à-dire au rez-de-chaussée) et qu'il vous voit monter au premier, autant vous dire qu'il fait une drôle de tête. Ne vous étonnez pas alors s'il vous regarde un peu comme un taré quand vous ressortez, mais gageons que vous n'en pensez pas moins de lui, qui, selon vous, ne sait même pas que la section voyage est au rez-de-chaussée ! Il faut peu de chose pour faire un quiproquo !

Étampe : tampon, estampille. Oblitération, cachet de la poste.

Étamper : 1 – Tamponner, estampiller. « J'ai faite étamper mon passeport. » 2 – Timbrer. 3 – Battre, tabasser quelqu'un.

Été des Indiens : été indien. Brève période chaude et ensoleillée qui survient à l'automne, le plus souvent après les premières gelées. Phénomène climatique aléatoire propre au centre et à l'est de l'Amérique du Nord. La végétation prend alors des couleurs flamboyantes. Le terme « été des Indiens » vient de Pennsylvanie et s'est propagé à la Nouvelle-Angleterre puis au Canada vers 1821. L'expression viendrait du fait que les Amérindiens profitaient de cette période pour terminer leurs récoltes, faire leur réserve de provisions et préparer leurs quartiers d'hiver.
N'est pas été indien qui veut ! En effet, cette appellation tend à se galvauder puisqu'elle est de plus en plus usitée en France alors qu'elle a une origine et des causes climatiques bien précises (notamment le contact de l'air chaud et humide, provenant du golfe du Mexique, avec l'air frisquet des nuits automnales Nord-Américaines). Le temps doit être calme, le vent léger, l'air sec, les précipitations inexistantes ou infimes et le soleil doit briller malgré les nuits froides et les éventuelles brumes matinales. Si cette période n'est pas précédée de gel et dure moins de trois jours, ce n'est pas un été indien. Un phénomène similaire, propagé sans

doute par la chanson du regretté Joe Dassin, existe dans certaines régions européennes, mais pour la qualifier d'été indien, encore faudrait-il avoir eu des Indiens !

Être aux as : être comblé.

Être et avoir : ces auxiliaires ne sont pas toujours bien utilisés au Québec. « J'm'ai faite mal. » « A sa rendu chez eux » (elle est arrivée chez elle). « L'entrepôt a passé au feu » (l'entrepôt a été incendié).

Être dans l'eau bouillante, chaude : être dans de beaux draps.

Être dans le jus, le rush [prononcer *reuch*] : être débordé. « Es-tu dans l'jus ? »

Être en santé : être en bonne santé.

Être rendu : devenu. « Le fils Lévesque y'é rendu quoi astheur ? » (qu'est devenu le fils Lévesque ?)

Étui à crayons : trousse.

Et un chausson avec ça ? : l'expression vient d'une compagnie de fast-food qui voulait promouvoir ses chaussons aux pommes. Quand les Québécois commandaient leurs hamburgers et leurs frites, on leur proposait systématiquement un chausson. La phrase est passée dans le langage populaire. C'est devenu une façon humoristique de demander à quelqu'un s'il veut autre chose tout en sous-entendant qu'il a déjà eu pas mal. Utilisé de façon plus ironique, cela permet de dire à quelqu'un qu'il en demande trop, que c'est suffisant, qu'on ne lui en donnera pas plus. L'équivalent dans ce cas de l'expression française « Tu n'veux pas cent balles et un Mars non plus ? »

Étrivant : taquin, contrariant. **Étriver :** taquiner, agacer, énerver.

Étriverie : taquinerie, plaisanterie.

Eux-autres, eux-autres mêmes [prononcer *euzôt, euzôtmaim*] : eux, elles.

Évacher (s') : s'avachir, s'affaler. Paresser.

Évader : s'en aller, disparaître. « Envoye, évade ! » (allez, fiche le camp !)

Le chien de traîneau c'est pour les touristes. À présent les Inuit ont des motoneiges, faut être Français ou pas dégourdi pour croire le contraire !

F

Face : visage, figure, gueule, tronche, selon le contexte. Dire à quelqu'un qu'il a une belle face ou vouloir lui envoyer une claque dans la face, il y a une nuance qui ne vous échappera pas ! **Face à fesser dedans :** visage détestable, tête à claques. Voir *fesser.*

Facture : addition (au restaurant).

Faire : ça va faire, ça fait ! : ça commence à bien faire, ça suffit ! **Faire bien :** bien aller. « Ça fait bien avec tes yeux » (ça va bien avec tes yeux). **Faire le saut :** sursauter. **Faire simple :** agir en idiot, de manière inopportune. « Pourquoi tu fais simple comme ça ? Fais pas simple » (ne fais pas l'idiot). **Fais-toi z'en pas :** ne t'en fais pas. Variante : inquiète-toi pas. **Ma t'en faire faire :** je vais t'en apprendre ! **Se faire aller :** 1 – Se dépêcher. « Awèye, fait-toé aller, on est en r'târd ! » (Allez, grouille, on est en retard !) 2 – Se montrer, crâner. « A s'faisait aller su la Croisette » (elle se pavanait sur la Croisette).

Fake [prononcer *faïke*] : (angl.) truqué. Faux.

Faker [prononcer *faïké*] : (angl. *to fake*) simuler, faire semblant.

Fale : poitrine, gorge. **Avoir la fale à l'air :** être débraillé. « On wé pu rien, maudzite poudrerie, cé pas l'temps d'avoir la fale à l'air » (on ne voit plus rien, saleté de neige volante, ce n'est pas le moment d'être débraillé). **Avoir la fale basse, à terre :** être déprimé, découragé, démoralisé. Voir *plotte à terre.*

Fanne : (angl. *fan*) ventilateur.

Faque: alors, c'est pour ça que, par conséquent. Contraction de « ce qui fait que ». « J'avais des téléphones à faire faque j'ai passé la journée chez-nous » (j'avais des coups de fil à donner alors j'ai passé la journée à la maison). Variante: ça fait que.

Farce: blague. « Fais pas ta baboune, c't'une farce, j't'aime ben gros pareil! » (Boude pas, c'est une blague, je t'aime fort quand même.) Voir *joke.*

Fendillé: craquelé, gercé, irrité. « Tes mains sont toutes fendillées par le froid. » Variante: *petassé.*

Fermer: arrêter, éteindre. Fermer le moteur, la radio, la lumière.

Fesser: 1 – Cogner, frapper fort. « Chu-tu obligé de fesser sa table pour que tu m'écoutes? » (Dois-je taper sur la table pour que tu m'écoutes?) 2 – Étourdir, assommer. « A fesse ta Vodka! » Au Québec on fesse mais on ne donne pas la fessée, ou du moins on ne s'en vante pas. Vivant dans une société qui se veut non violente, les esprits nord-américains sont choqués par les corrections corporelles infligées aux enfants, même si le sujet fait débat. En 2004, la Cour suprême a décrété que la punition physique raisonnable et dans un but éducatif était légale, qu'elle ne contrevenait pas à *la Charte canadienne des droits et libertés* et ne violait aucun principe de justice fondamentale. La fessée reste néanmoins taboue et les parents français qui pratiquent ce sévice sur leur progéniture sont considérés d'un très mauvais œil. Respect de la personne humaine pour les uns, laxisme pour les autres, des petits québécois ou des petits français, l'histoire ne dit pas quels sont les enfants les mieux éduqués! Si vous tenez vraiment à cette pratique, la fessée entre adultes semble moins controversée! **Fesser dans le tas:** frapper indistinctement plusieurs personnes à coups redoublés. Se défouler. **Fesser dans le dash:** être surprenant, en jeter, flasher. « Coudon! T'as peinturé ta salle à dîner en jaune, ça fesse dans l'dash en tabarouète! » (Ça alors! T'as peint ta salle à manger en jaune, ça flashe un max!)

Fête: (faux ami) anniversaire. « Bonne fête à Gislaine, bonne fête à Gislaiine, bonne fête, bonne fête, bonne fête à Gislaiiiine » (à chanter sur l'air de bon anniversaire!)

Feu (avoir le feu au cul) : (faux ami) être en colère. Avoir le feu au cul c'est plus grivois en France qu'au Québec. Ceci dit pour é-teindre ces feux respectifs, les câlins devraient fonctionner aussi bien dans un sens que dans l'autre! **Être passé au feu :** avoir les cheveux tout juste coupés. **Passer au feu :** être incendié, brûler. « Jean a passé au feu » (la maison de Jean a été incendiée). **Vente de feu :** liquidation suite à un incendie.

Fèves : (faux ami) haricots. **Fèves au lard :** plat typique québécois (ressemble au cassoulet), souvent cuisiné dans une sauce au sirop d'érable. Voir *bines.*

Fife, fifi : 1 – (péjoratif) homosexuel, pédé, tapette. « Y'é fife, c'est clair jusse à le regarder. » 2 – Poule mouillée. **Fifure :** homosexualité.

Filière : meuble de rangement, classement pour dossiers. Variante : classeur (faux ami).

Film : pellicule photo. Pour parler d'un film on dit « une vue ». Voir *écouter un film, écouter une vue.*

Filer : (angl. *to feel*) se sentir. « Ma su réveillé tout croche a matin, je file pâs » (je me suis levé du pied gauche ce matin, je ne me sens pas bien). **Filer croche :** ne pas avoir la forme, le moral. En somme filer un mauvais coton.

Fin de semaine : week-end, en « bon » français de France!

Fin : gentil, sympathique, aimable. Se dit aussi bien d'une personne que d'un animal docile. « T'es ben cute, t'es ben fine » (t'es bien mignonne, t'es bien gentille).

Finissants (les) : élèves ou étudiants de dernière année. Ceux qui passent le diplôme. **Album des finissants :** annuaire contenant les photographies des élèves ou des étudiants qui terminent un cycle d'études et dans lequel on relate les faits les plus marquants de leur vie scolaire, les anecdotes, etc. Trombinoscope.

Fitter : (angl. *to fit*) correspondre à, s'emboîter, bien aller, rentrer, être à la bonne taille, s'ajuster. « Sa blouse fitte bien avec sa jupe. » « Cette boutique recherche un mannequin pour le « fitting » des vêtements. Ils veulent une silhouette « dame ». Voir *matcher.*

Fixatif : (faux ami) laque à cheveux. Voir *spré nette.*

Flanc mou : personne passive qui ne fait rien de sa vie, qui ne fiche rien, paresseux. **Un grand flanc mou :** un bon à rien. Autrefois on disait, en français de France, *un grand flandrin,* c'était référent aux habitants des Flandres et ça n'a rien à voir avec notre propos.

Flasher : (angl. *to flash*) clignoter.

Flasheur : (angl. *flash*) clignotant. Warnings.

Flasque : flacon.

Flat [prononcer *flatte*] : (angl.) crevaison (d'un pneu). « J'ai pogné un flat » (j'ai crevé). Un coke flat (un Coca-Cola qui n'a plus de bulles).

Flatter : caresser, un animal ou un humain. Se faire flatter en France c'est agréable, se faire flatter au Québec c'est encore mieux ! Le meilleur c'est d'être franco-québécois pour joindre le geste à la parole !

Fleurdelisé : le drapeau du Québec. Il rappelle ses origines françaises de l'Ancien Régime avec quatre fleurs de lys sur fond d'azur et une croix blanche symbolisant son appartenance à la chrétienté.

Flo : gamin.

Fleuch : (angl. *flush*) de justesse, ric-rac, à ras, juste, bord à bord.

Fleucher : (angl. *to flush*) 1 – Tirer la chasse d'eau, rincer. 2 – Larguer, laisser tomber quelqu'un. « Pis, t'es pu en amour ? — Nan, me su faite flushé. » 3 – Licencier. « Son boss l'a flushé ». Ainsi on largue et on vire comme on tire la chasse sur une vulgaire déjection ? C'est direct ! Pragmatisme à l'américaine ?

Flux (avoir le) : avoir la diarrhée. Voir *va-vite.*

Flyé [prononcer *fla yé*] : excentrique, original, à côté de ses pompes.

Focké : (angl. *fucked*) 1 – Cassé, abîmé, hors service (pour un objet). 2 – Étrange, bizarre, dérangée, folle (pour une personne). « C'te madame là c't'une fokée dans a tête » (cette femme-là est folle).

Foin : (faux ami) fric, argent. Équivalent du blé français.

Follerie : blague, plaisanterie. Extravagance, folies. « J'ai faite des folleries, ma su acheté un bain tourbillon! » (j'ai fait une folie, je me suis acheté un jacuzzi!)

Football : (faux ami) football américain, avec des joueurs caparaçonnés de la tête aux pieds. Le football tel qu'on le connaît en Europe est appelé *soccer* [prononcer *socoeur*].

Fort : alcool fort. « T'aimerais-tu un breuvage ou du fort? » (tu préfères une boisson avec ou sans alcool?) **Être fort :** être solide. « T'es faite fort, tu vas passer au travers » (tu es solide, tu vas y arriver, tu vas t'en sortir).

Fou comme un balai : fou de joie. Les sorcières sur leurs balais ne semblent pourtant pas spécialement joyeuses. Peut-être qu'au moins ça aide pour faire le ménage!

Foufounes : (faux ami) fesses. En français de France, c'est plutôt ce qui se trouve devant.

Fouille-moé! : (angl. *search me!*) je ne sais pas, je n'en ai aucune idée, tu me poses une colle. « Ché pas c'est quoi la version de mon Outlook, comment on fait pour savoir ça? — Fouille-moé! »

Fournaise : (faux ami) chaudière. « Va donc prendre une chaudière, y'en a à côté de la fournaise » (va donc prendre un seau, y'en a à côté de la chaudière). Si ça, ce n'est pas *mêlant*! Les faux amis c'est déjà alambiqué, si en plus ils se mélangent, c'est de la perversité!

Fourrer : 1 – Garnir, enfoncer, enfourner, mettre. 2 – (Très grossier) baiser, faire l'amour. 3 – Tromper. **Se faire fourrer :** se faire baiser, dans le sens sexuel mais aussi se faire avoir, entuber, rouler. « C'te crosseur m'a fourré ben raide » (cet arnaqueur m'a bien eu). **Fourrer le chien :** 1 – Lambiner, traîner, paresser. 2 – S'y prendre très mal, faire n'importe quoi, manquer d'efficacité. 3 – Foutre la merde, tout bousiller. Variante : fucker le chien. **Fourrant, fourré :** compliqué, confus. Trompeur. Consternant. « Chu toute fourré » (je n'ai rien compris). Variante : mélangeant. Voir *mêlant*.

Foxer un cours : sécher un cours. Faire l'école buissonnière.

Frais : pas facile d'approche, qui se tient à l'écart, qui ne se mélange pas aux autres. **Frais chié :** prétentieux. « C'est un frais chié, il a le nez dans les airs » (c'est un prétentieux, il est imbu de lui-même). **Faire son frais :** faire son intéressant.

Frais virés (appel à) : PCV. Appel téléphonique où la personne appelée paie la communication.

Français de France : permet de distinguer un Français d'un autre francophone (un Québécois par exemple). Désigne aussi le français parlé en France.

Franglais : français mêlé d'anglais. Le Québec est une société bilingue et les Québécois passent généralement du français à l'anglais avec aisance. Ils « switchent », parfois dans la même phrase. Entre le mélange des deux langues, la parlure québécoise et l'accent, le touriste français a parfois du mal à comprendre. Pourtant, plus ou moins consciemment, beaucoup de Québécois modifient imperceptiblement leur façon de parler quand ils s'adressent à un Français. Quand ils le font volontairement ils ont parfois du mal à concevoir que le Français puisse continuer de ne rien piger, car eux, vous comprendront toujours. Que cela ne soit pas réciproque est difficile à expliquer, surtout à ceux qui pensent parler un français proche du français de France et en déduisent donc que le Français qui « ne veut pas » comprendre le fait exprès. La question de la langue reste délicate au Québec et face aux Français qui « parlent avec des mots précis » et « prononcent toutes leurs syllabes », comme le chante Linda Lemay, certains Québécois peuvent éprouver une sorte de malaise.

Frapper : renverser, heurter, emboutir (généralement en parlant d'un véhicule). « Je menais mon auto sur un chemin de gravelle et v'la un orignal qui sort sa route à pleine épouvante. J'ai braïké, mon char a r'viré et j'ai frappé le bomepeur du quat' par quat' qui v'nait d'l'ôte bord » (Je roulais sur un chemin de gravillons et voilà qu'un orignal surgit sur la route. J'ai freiné, ma voiture a dérapé et j'ai heurté le pare-chocs du 4 x 4 qui venait en face).

Frencher : (angl. *french kiss*) rouler une pelle, un patin. Embrasser avec la langue. Ainsi quand on embrasse passionnément, c'est « à la française », si ça c'est pas du compliment, excusez du peu ! Alors c'est qui les latins lovers ? Les Italiens peuvent aller se rhabiller !

Frette : très froid. « Moins trente degrés a matin, fait frette en tabarouette ! » (moins trente degrés ce matin, on se les caille à mort !) **Une frette :** une bière fraîche. À souligner qu'en dehors de ce cas, frette ne veut jamais dire « frais ».

Frisure : effilochure.

Fromage en crottes, crottes de fromage : fromage en grains. Cheddar frais, de couleur blanche, qui n'est ni moulé ni pressé ni affiné et forme des petits morceaux difformes de la grosseur d'une bouchée. Fromage doux au goût neutre qui se vend nature ou assaisonné. C'est le fromage de la *poutine* ! Particularité : sa texture molle et élastique produit un petit couinement entre les dents lorsqu'on le mastique. C'est d'ailleurs au mastic ou au plastique que pense tout bon Français amateur de « fromage qui pue » quand il découvre le fromage en grain. Vous aimeriez tester ? Mâchouillez votre gomme à dessin ! Elle est un peu moins souple mais d'aucun vous diront que le goût, lui, est assez fidèle. Enfin, tout est affaire de palais… ou de (mauvaise) langue !

Front tout le tour de la tête (avoir du) : être effronté, sans gêne. En vouloir, être tenace. « Chu-tu assez écoeuré par Jean-Patrick ! Il a du front tout le tour de la tête » (je suis dégoûté par Jean-Patrick. Il est d'un sans-gêne !) « Il paraît que quand vous avec une idée vous lâchez pas. Vous êtes réputée pour avoir du front tout le tour de la tête » (il paraît que quand vous avec une idée vous n'en démordez pas. Vous êtes réputée pour toujours arriver à vos fins).

Fun (c'est l') : (angl.) amusant, plaisant, super. Expression que l'on retrouve en France depuis relativement peu de temps, avec le « l' » en moins, sans doute noyé pendant la traversée. « Cette journée aux glissades est l'fun » (cette journée au parc aquatique est super).

Ma recette pour draguer une Française : barbecue à midi et repas gastronomique au dîner. Je te parie qu'au petit déjeuner elle est raide dingue de toi !

GH

Gager : parier. « Je gage qu'il va encore me demander un lift » (je parie qu'il va encore me demander de le ramener en voiture).

Gageur : (faux ami) pari. Contrairement à la France, ce mot n'est pas employé dans le sens de défi.

Gale (une) : 1 – Croûte, d'une plaie, sur la peau. Une croûte ce n'est pas franchement ragoûtant mais si en plus on l'appelle gale, c'est carrément dégoûtant ! 2 – Escarre.

Galerie : pièce intérieure ou extérieure beaucoup plus longue que large, qui sert de passage. Balcon, véranda. Typique de l'architecture des maisons nord-américaines. Rien à voir avec l'art, mais rien n'empêche d'y accrocher quelques tableaux !

Gallon : mesure de capacité anglo-saxonne encore utilisée au Canada malgré l'adoption officielle du système métrique dans les années 1970. Voir *mesures.*

Galon : mètre ruban. Variante : tape à mesurer [prononcer *taïpe*].

Game [prononcer gayïme] : (angl.) Match, rencontre sportive, jeu, partie. Une game de hockey. **Ne pas être game :** ne pas avoir le cran de faire quelque chose, ne pas être assez courageux pour le faire. « J'te gage un brun que tu l'inviteras pas à souper, t'es pas game ! » (je te parie cent dollars que tu n'as pas le cran de l'inviter à dîner). **Être game :** être partant.

Gang (une) : groupe, bande, équipe. « J'va t'présenter ma gang » (je vais te présenter mes amis, mes potes). « Ma gang du bureau est l'fun, on rit en masse, y'a pas personne de plate » (mes collègues sont sympathiques, on rit beaucoup, y'en a aucun d'ennuyant).

Ganse (tenir quelqu'un par la) : tenir quelqu'un en laisse (au figuré), ne pas le laisser libre.

Gant : gant de baseball, de hockey, etc., servant à attraper une balle. Voir *mitaine.* **Laisser tomber les gants :** au hockey, jeter ses gants par terre pendant un match pour se battre à poings nus. Le hockey est un sport qui peut être très violent. **Mettre des gants blancs :** agir, parler avec précaution, ménagement, pour ne pas blesser ou heurter quelqu'un. C'est un art très québécois que les Français ne pratiquent pas toujours.

Garderie : crèche. Il n'y a pas d'écoles maternelles au Québec, donc pas de différence à la française entre la « crèche » pour les enfants de 0 à 3 ans et la « garderie » du matin et du soir à l'école maternelle (de 3 à 6 ans). Les petits québécois vont à la garderie jusqu'à 6 ans, âge où ils entrent à l'école primaire.

Garde-robe : penderie, placard à vêtement. Lieu où les vêtements sont accrochés. Voir *linge.* **Sortir du garde-robe :** révéler son homosexualité, faire son « coming-out ».

Gardienne : nourrice, personne qui garde un enfant. Rien à voir avec la concierge, à moins qu'elle ne cumule les emplois et soit à la fois gardienne d'immeuble et d'enfants !

Gargotton : gorge, gosier.

Garnotte : gravier. Rouler dans la garnotte. Voir *gravelle.*

Garocher : lancer, jeter. « Garocher des roches dans le lac » (jeter des cailloux dans le lac). Garocher l'argent par les fenêtres. « J'ai faite du rangement, j'ai garoché trois gros sacs aux vidanges » (j'ai fait du rangement, j'ai jeté trois gros sacs aux poubelles). **Se garocher :** 1 – Se précipiter sur, se lancer avec force. « J'lunche pas avec lui pantoute ! La dernière fois y s'est garoché sul buffet, chu pu capab de l'voir s'bourrer a face ! » (pas question que je déjeune avec lui ! La dernière fois il s'est jeté sur le buffet, je ne supporte plus de le voir s'empiffrer). « Tâsse-toé, quand y pose son micro c'est qu'y va s'garocher dans a foule ! » (range-toi, quand il pose son micro c'est qu'il va se jeter dans le public !) 2 – Se dépêcher.

Gars: homme. **Gars de bois, de chantier:** bûcheron.

Gaspille: gaspillage. « C'est du vrai gaspille. »

Gaz: (angl. *gas/gasoline*) essence. **Peser sur le gaz:** appuyer sur l'accélérateur d'un véhicule. **Prendre son gaz égal:** se calmer.

Gelé: drogué ou anesthésié par des drogues ou des médicaments. « J'avais tellement la bouche gelée quand je suis sorti du dentiste que j'ai encore de la difficulté à parler alors pour boire, oublie ça! » « Y'é gelé a tous les jours pis y ressent même pu aucun buzz » (tous les jours il est défoncé et il ne prend même plus son pied).

Gicleur: Borne incendie. Canalisation d'incendie. « Gicleurs au sous-sol. » Ce sont des arrivées d'eau situées dans la rue, au sous-sol des buildings ou dans les cages d'escalier, sur lesquelles les pompiers peuvent raccorder leurs tuyaux.

Gino [prononcer *djino*]: macho ringard, frimeur genre latin gominé, avec Ray-Ban et chaîne en or dans les poils: c'est le Mickey ou Jacky français!

Gnochon, niochon: niais, sot, imbécile, idiot.

Gogosse: bibelot, objet indéfini sans valeur, sans importance, chose, machin, truc. Variante: gugusse. Voir *bébelle.*

Gomme, gomme à mâcher: chewing-gum. La gomme à effacer se dit tout simplement *une efface.* À retenir si vous ne voulez pas mâcher du plastique et effacer votre dessin au malabar! Voir *balloune > gomme balloune.* **Être tout gommé:** être couvert de sperme. Voir *dèche.* **Se dégommer:** se dessaouler. Sous l'influence de l'alcool, combien de gens se souviennent de ce qu'ils ont dit ou fait? Preuve que l'alcool ça gomme la mémoire! Alors se dé-gommer c'est comme se souvenir (ce qui pour certains est pire!)

Gorlot: 1 – Neuneu, idiot. 2 – Ivre.

Gossage: prise de tête. **Gossant:** énervant, agaçant.

Gosser: 1 – Tailler, évider, sculpter. « Cette bébelle en bois a été gossée au complet avec un canif » (ce jouet en bois a été entièrement fait au canif). 2 – Bricoler. 3 – Tripoter, tripatouiller « As-tu fini de gosser après ce maudit moteur, a marchera jamais c'te minoune! »

(as-tu fini de tripatouiller ce satané moteur, il ne marchera jamais ce tacot !) 4 – Énerver, déranger, fatiguer, ergoter. « Y'é-tu assez gossant avec ses questions ! » (ce qu'il peut être pénible avec ses questions !) 5 – Tapoter, pianoter. Gosser sur son ordinateur ou son clavier. **Gosser après quelqu'un :** draguer, faire la cour.

Gosses : (plutôt grossier) testicules. Si le Québécois sait ce que sont les gosses pour un Français, le contraire est rarement vrai. Le Québécois, qui ne dédaigne pas parfois se moquer du Français à son insu, se garde bien de l'éclairer sur le sujet. Être le dindon de la farce, ça arrive. La Française : « Tu viens avec tes gosses la semaine prochaine ? » Le Québécois : « Ben oui, j'ai pas ben l'choix ! » La Française : « Tu ne peux pas les faire garder ? » Le Québécois : « Pas vraiment non. » La Française : « Oh là là ! Regardez-moi ce papa poule qui a peur de laisser ses gosses à la baby-sitter ! » J'en connais d'autres qui, pendant un certain temps avant d'être mis au parfum, ont lancé des « embrasse tes gosses de la part de ma femme. » ou « avant d'arriver au boulot je trouve toujours le temps de jouer avec mes gosses. » **Avoir des gosses :** avoir des couilles, être courageux. Voir *poches*.

Gougounes : tongs, sandales de plage. **Gougounes en phentex :** c'est le chausson tricoté maison par les bonnes-sœurs d'autrefois. Genre de chaussettes très épaisses qui s'arrêtent à la cheville et servent de chaussons. Chaude et indubitablement confortable, la gougoune en phentex séduira vieille-fille et vieux-garçon, mais choquera assurément le sens esthétique des pieds se voulant plus sexy.

Goût (avoir le) : avoir envie. « J'ai l'goût d'aller danser. »

Goût (être à ton, votre) : plaire, apprécier, aimer. « C'était-tu à ton goût ? » (ça t'a plu ? Tu as aimé ?)

Goûter : avoir du goût (pour un aliment). « Ce gâteau aux carottes goûte les épices » ; « Ça goûte bon » (c'est bon). « Ta salsa goûte trop salée » (ta sauce salsa est trop salée).

Graduer : (angl. *graduate*) (faux ami) obtenir un diplôme. Avancer de diplôme en diplôme n'est-ce pas augmenter son niveau par degré ? Une gradation scolaire en quelque sorte.

Grafigner: égratigner, érafler. **Grafignure:** égratignure, éraflure.

Graine: (très vulgaire) bite. Contrairement au terme *gosses* qui peut à la rigueur passer (c'est limite!) dans une conversation polie, le mot graine est à proscrire.

Graisser: beurrer, huiler. « Graisser un moule de 8 pouces et enfariner. Verser le mélange et cuire à 305 °F. » Huile, beurre ou vaseline, au Québec on ne fait pas dans le détail, quand ça doit être gras on graisse. À noter que la gelée de pétrole (la vaseline) n'a pas la connotation licencieuse qu'elle a en France, ce n'est qu'un produit efficace pour se soigner ou se protéger des gerçures en hiver.

Graisseuse: portion de frites. « Ça prend du décapant avec une graisseuse au vinaigre et deux roteux! » (il faut du Coca-Cola avec une portion de frites au vinaigre et deux hot-dogs!) Avec un tel qualificatif, on est loin des frites sans gras à faire au four!

Grandes baguettes: longs bras. **Avoir, se faire aller les baguettes en l'air:** gesticuler de joie ou de colère.

Grand maillet (un): une personne grande et pas très intelligente. Sot, imbécile, idiot. « C'est maillet comme réponse. » « Arrête don de faire le maillet. »

Granola: 1 – Individu à l'allure et/ou au style de vie hippie, écolo, proche de la nature, végétarien ou un peu bohémien. Les granolas ont à la fois une image positive et négative. Respectueux de l'environnement, adeptes du commerce équitable, ils peuvent aussi être considérés comme marginaux, pas franchement en phase avec leur époque. Certains, peut-être plus extrémistes, sont limite crados. Le terme granola est donc parfois utilisé avec ironie, voire mépris. À l'origine, Granola était une marque de céréales consommées au petit-déjeuner. Plus tard, les barres de céréales Granola étant faciles à transporter, faibles en calories mais très énergétiques, elles ont été très appréciées en collation, notamment par les campeurs et les randonneurs, et qualifiées de nourriture « hippie ».

Gratte: chasse-neige, déneigeuse. **Gratter la neige:** déblayer la neige.

Gratteux: 1 – Avare, radin. 2 – Billet de loterie, notamment de Loto-Québec, à gratter (qui se vendent au bureau de tabac et chez les marchands de journaux).

Gravelle: gravier. Chemin de gravelle. Voir *garnotte.*

Gravouiller: gratter, racler en faisant du bruit.

Greillé: 1 – Bien équipé. 2 – Bien monté, joliment pourvu par la nature. « Yé greillé pour veiller tard, t'es pas à la veille de dormir, ça va y'aller aux toasts! » Signifie que les attributs de monsieur étant ce qu'ils sont, la nuit va être longue car il y a de quoi s'amuser *en masse* - ça va y aller rondement! **Greillé comme un taureau:** monté comme un taureau, qui a un gros pénis.

Greiller: équiper d'un accessoire. **Se greiller:** se préparer, se vêtir, enfiler ses vêtements pour sortir.

Grichage: 1 – Grincement. 2 – Interférence radio.

Gros comme un baril: obèse.

Grouiller: gigoter. « Ta mère t'a dit d'arrêter de grouiller et de manger ta beurrée » (ta mère t'a dit d'arrêter de gigoter et de manger ta tartine).

Gruau: flocons d'avoine au lait, sorte de porridge.

Guédaille: fille sans classe, qui s'arrange pour séduire mais se maquille trop, s'habille ou se comporte vulgairement. Style à la limite de celui des prostituées.

Guédille: sorte de hot-dog avec de la salade de chou. **Avoir la guédille au nez:** avoir le nez qui coule. La goutte au nez.

Gueuler: protester, réclamer. Ce mot a tendance à prendre peu à peu le sens qu'il a en France (parler fort, crier).

Guidoune: 1 – Putain. 2 – Fille plutôt facile qui s'habille sexy.

Gun (un): (angl.) flingue, pistolet. Au Canada les armes ne sont pas en vente libre mais il est facile de se procurer des armes de chasse de gros calibres qui peuvent descendre les ours ou les orignaux.

Habit, habillement: complet. Uniforme. **Veste d'habit:** gilet.

Habitant: 1 – Cultivateur, paysan. 2 – Péquenot, plouc, cul-terreux. 3 – Rustre, ignorant. Quand, en touriste soucieux de faire vraiment connaissance avec le pays, vous demandez à trouver une chambre chez l'habitant, vous comprendrez maintenant qu'il y a de quoi sourire…

Habiter sur la rue…: habiter rue… ne veut pas dire qu'on dort sur le trottoir. « J'habite sur la rue Sherbrooke » (j'habite rue Sherbrooke).

Haïr [même conjugué, se prononce *a-i et le h est muet*]: détester. J'haïs [Ja-ï]. « J'haïs ça la boucane. » (je déteste la fumée).

Halte routière: aire de repos.

Hambourgeois: hamburger. Francisation qui n'a pas eu beaucoup de succès, peu employé.

Hâte (avoir hâte à): avoir hâte que quelque chose arrive. « J'ai hâte à la fin de semaine » (j'ai hâte que le week-end arrive). « J'ai hâte à Paris » (j'ai hâte d'être à Paris). À noter que le verbe passe à la trappe.

Heavy [prononcer *évi* ou *évé*]: (angl.) grave, qui en impose. « T'es don ben heavy man » (t'es grave mec). « C't'heavy c't'affaire-là. »

Hier à soir: hier soir.

Herbe à poux: plante nord-américaine qui, lors de sa floraison, libère un abondant pollen pouvant provoquer des allergies respiratoires. **Herbe à puce:** plante vénéneuse nord-américaine qui peut provoquer une forte allergie cutanée quand on la touche. Dit plus trivialement, les bestioles vous « bubonnent » la couenne, l'herbe à puce y fait des rougeurs, des cloques et des croûtes purulentes, le tout gratte à s'arracher! Ajoutez à cela les *maringouins*, les *mouches noires*, les *mouches à chevreuil*, les ours qui continuent chaque année de dévorer quelques humains égarés, vous comprendrez que les vastes étendues américaines ne sont pas aseptisées et qu'on peut encore s'y prendre pour des aventuriers intrépides. Ceci dit, si vous voulez jouer les Jacques Cartier, partez équipés!

Heures (aux petites): très tôt le matin. **Heure avancée:** heure d'été.

Hockey sur gazon : hockey sur pelouse ! La rondelle (palet) du hockey sur glace est remplacée par une balle. Ce sont les Canadiens qui ont mis le hockey sur la glace, créant ainsi leur sport national. Et quand on aime, que dis-je, quand on adore, on trouve toujours le moyen de jouer, même quand la glace a fondu.

Horaire de travail (l') : les heures de bureau, le temps de travail. « Mon horaire de travail est de 8 heures à 4 heures, ça me laisse du temps en masse pour faire des activités. » À noter que les Nord-Américains découpent rarement le temps sur 24 heures. Ils ne vous donneront pas rendez-vous à 17 heures mais à 5 heures, sans forcément préciser « du soir » ou « pm » parce que, si vous avez un horaire classique, il va de soi qu'on parle de la fin d'après-midi et pas de l'aube. Dans certains cas il est utile cependant de confirmer, quand on vous invite à 8 heures par exemple, histoire de savoir si c'est pour un petit-déjeuner ou pour un dîner. **Horaire d'été :** de par ses hivers rudes et ses étés relativement courts, le Québec sait mieux que quiconque la valeur de la belle saison. Fêtes et festivals extérieurs se bousculent et se concentrent sur un laps de temps court mais intense. Avec effervescence les corps libérés des carcans vestimentaires se gorgent de chaleur avant le prochain hiver. Entre le début mai et le début septembre, beaucoup d'entreprises et de lieux publics passent en *horaire d'été*. Les gens travaillent un peu plus chaque jour de la semaine pour terminer le vendredi à midi et profiter de plus longs week-ends. « La bibliothèque est passée à son horaire d'été et n'est pas ouverte les fins de semaines du 17 juin au 5 septembre. » C'est également la période où les piscines extérieures, les *pataugeoires* et les jeux d'eau ouvrent. On dit alors que « les équipements passent à l'horaire d'été ».

Hostie, ostie, hastie, astie, estie, stie : (religieux *hostie*) juron, blasphème. Sans doute le *sacre* le plus utilisé. « Hostie qu'y fait chaud. » « C'est lourd en estie. » « Une astie de grosse araignée sale ! »

Houle (avoir de la houle dans le toupet) [prononcer *toupette*] : tituber sous l'effet de l'alcool.

Huard, huart : 1 – Oiseau aquatique des pays froids, tellement typique du Canada qu'on raconte que chaque lac a son couple de huards. Il suffit de les entendre chanter pour en être persuadé, pas de lac sans huards. 2 – La pièce de monnaie de 1 dollar canadien. Un plongeon huard y est gravé.

Huile à bras : 1 – Dextérité, talent manuel. « Pour faire cette job-là ça prend de la bonne huile à bras » (ce travail nécessite une bonne adresse manuelle). 2 – Huile de coude. Les Québécois y vont de bon cœur, avec tout le bras, ça doit briller !

Huile à chauffage : fuel.

Hurle (un) : hurlement. Un hurle de loup.

Hey, t'as fini de me dévisager, tu serais pas en train de me draguer là ?

IJ

Icitte : ici.

Idée (avoir idée de faire quelque chose) : avoir l'intention de faire quelque chose. **Faire son idée :** se décider. « Mon idée est faite » (j'ai choisi).

Immigrant reçu, résident permanent : immigrant avec un permis de séjour permanent.

Impassable : impraticable. « Avec toute la sloche, la trail est impassable » (avec toute la neige boueuse, le chemin est impraticable).

Importé : (péjoratif) immigré, étranger.

Infliger, s'infliger une blessure : (se) blesser involontairement.

Initialer : parapher. **Initiales :** paraphe.

Innocent : manque d'intelligence, de jugement, de savoir-faire. Niais, bête, idiot.

Innocenterie : niaiserie, stupidité.

Insécure : incertain, instable, non sécurisé.

Instantané : (angl. *instant*) soluble, en poudre (café, soupe, etc.).

Inuk, pluriel **Inuit [prononcer *inouite*] :** peuple des régions arctiques de l'Amérique du Nord, de la Sibérie et du Grœnland. Ce mot qui signifie *être humain* remplace l'ancien terme « esquimau » (*qui mange la viande crue* en langue crie), que les Inuit jugeaient péjoratif. Les Inuit du Québec peuplent 1/3 de la superficie habitable du Grand Nord. En 1999 les revendications territoriales (1/3 du

Québec) des Inuit ont abouti à la création du Nunavik (*endroit où vivre* en langue inuit), nouveau territoire qui a été séparé des immenses Territoires du Nord-Ouest pour devenir leur patrie. Le Nunavik est souvent confondu avec le Nunavut (*notre terre* en langue inuit), province canadienne autonome depuis le 1er avril 1999. Ne pas confondre également les Inuit et les Innus, peuple autochtone réparti du Québec au Labrador et circonscrit aux territoires de réserve.

Inuktitut : langue inuit. Traditionnellement elle était uniquement parlée. Elle a été transcrite de manière syllabique par des missionnaires au XIXe siècle. Les Français connaissent tous au moins le mot igloo (*habitation*). Tout comme le traîneau à chiens, l'igloo d'aujourd'hui est folklorique et n'a pour but que de satisfaire aux fantasmes touristiques, n'en déplaise aux rêveurs de tous poils – de phoques ! Les Inuit, pour se déplacer, utilisent maintenant des motoneiges.

Invitant : hospitalier, accueillant.

Itinérant : SDF (sans domicile fixe). Variante : sans-abri.

Itou ['tou] : aussi. Plus usité qu'en France. « Moé itou » (moi aussi).

Jacasse (avoir de la) : être fort en gueule.

Jack (se passer un) : (angl. *jack off*) (grossier) se masturber. Variante : se passer un wélé.

Jambette (donner une) : faire un croche-pied, un croc-en-jambe.

Jambon : idiot.

Jaquette : 1 – Chemise. 2 – Chemise de nuit. 3 – Blouse médicale descendant en général jusqu'aux genoux et ouverte sur l'arrière. Lorsqu'une osculation médicale nécessite le retrait des sous-vêtements, le patient doit revêtir une jaquette, ainsi le médecin ne le voit jamais nu. Un héritage de la pudibonderie anglophone ?

Jargouiner : baragouiner.

Jars (faire le) : se pavaner, faire l'important, le prétentieux, se vanter. « Moi aussi j'aurais l'goût d'faire le jars sur la promenade des Anglais à Nice ! » (moi aussi j'aimerais bien me pavaner sur la promande des Anglais à Nice !) En France on préfère *faire le paon*, excusez du peu mais quand il fait la roue, c'est tout de même autre chose ! C'est ça le chic français, pas pour rien que Paris est la capitale de la mode ! Comment ça, je fais le jars ?

Jaser : bavarder, causer. Contrairement à la France, le terme n'est pas péjoratif. Jaser au Québec ce n'est ni médire ni parler dans le dos de quelqu'un. « On n'est pas bitches nous z'ôtes » (on n'est pas mauvaise langue nous !), vous diront certains Québécois. Pourtant vu le nombre de mots existants en québécois pour traiter les gens de crétins, on peut en douter.

Jasage : bavardage. **Jasette :** conversation. « On va se faire une petite jasette. » **Piquer une jase, jasette :** bavarder, tailler une bavette.

Jello : (angl. *jelly*) dessert nord-américain et britannique. Marque devenue nom commun. Gelée transparente sucrée aux couleurs acidulées et au bon goût de fruits chimiques ! La consistance oscille entre la fesse flasque et le sein frétillant.

Jeunesse : jeune personne. « Les jeunesses d'aujourd'hui peuvent faire toutes sortes d'affaires, c'est d'valeur que d'nôt temps la religion nous empêchait d'viv'e. » (Les jeunes aujourd'hui peuvent faire ce qu'ils veulent, c'est dommage qu'à notre époque la religion dictait nos vies.)

Job (une) : (angl.) travail. « T'as-tu une belle job ? C'est quoi ta job ? »

Jobine : 1 – Petit boulot, emploi précaire. 2 – Menu travail.

Jointée (une) : (vieilli) unité de masse. À l'origine, quantité retenue par les deux mains jointes ensemble. Une jointée de farine.

Joke [prononcer *djauque*] : (angl.) blague. **Jokeur :** farceur, blagueur.

Jonc (un) : alliance, bague.

Jongler : 1 – Songer, rêvasser. 2 – Penser, réfléchir. Ah ! Ces aventuriers de la Nouvelle France, jonglez grandes idées novatrices, à vous les terres vierges et le modernisme ! **Jonglard, jongleux :** rêveur.

Jos [prononcer *djo*] : (vulgaire) nichons, lolos, roberts. **Rack à jos [prononcer *rakadjo*] :** (vulgaire) soutif. Voir *brassière*.

Joe (un petit Joe connaissant) : un « je sais tout ».

Josepheté (perdre sa) : perdre son pucelage.

Joual: 1 – Cheval, dit avec l'accent! **Fort comme un joual:** très fort. 2 – Parlure québécoise, qui n'est ni de l'argot, ni du patois. Le « parler » familier, souvent considéré comme péjoratif, généralement employé dans les milieux populaires. « Déjà qu'les Français de France comprennent pas le québécois alors le joual! » **Joualer:** parler en joual. **Parler joual:** parler de façon inarticulée, incorrecte, inintelligible, parler mal.

Joual vert, joualvert: 1 – Petit juron exclamatif exprimant l'irritation, l'exaspération, la colère, l'étonnement ou la stupéfaction. « Joualvert y'a du monde à la messe icitte! » (bon sang, il y a foule ici!). 2 – Insulte légère ou terme affectif pour qualifier une personne dont le comportement irrite, agace, étonne, surprend. « Mon gros joualvert! » 3 – Pour renforcer un terme. Amplificateur d'émotion. « Mon joualvert d'achalant! » (sacré casse-pieds!). « En France le long de la Loire y'a des joualverts de beaux châteaux! » **Être, se mettre en joual vert:** être, se mettre dans une grande colère, sortir de ses gonds. « Chu en beau joualvert » (je suis en pétard). **Partir en joual vert:** partir comme une flèche.

Journée off: (angl. *day off*) jour de congé. « Comme je vais à la job le dimanche, le lundi c'est ma journée off » (comme je travaille le dimanche, le lundi c'est ma journée de congé).

Joute: match, partie. On est resté chevaleresque au Québec! En France aussi mais verbalement: joute verbale. Cette « enflure verbale propre aux Français », dixit certains Québécois, insupporte autant quelle épate ou amuse. Le Français est souvent un orateur qui manie l'art de la parole avec beaucoup plus de facilité que la majorité des Québécois. Reste à savoir si ce qu'il dit est intéressant!

J'té cré: je te crois.

Jubilaire: personne que l'on fête. Le fêté.

Jusqu'à temps que: jusqu'à ce que. « On vous demandera de bien vouloir rester assis jusqu'à temps qu'on appelle vot'numéro. »

Jusse: juste.

KL

Ketchup (l'affaire est) [prononcer *ketchoppe*] : tout est parfait, tout est réglé, terminé. L'affaire est dans le sac. « Tu visites le condo, tu signes et l'affaire est ketchup. » (tu visites l'appartement, tu signes et l'affaire est réglée).

Kick (avoir le) : (angl.) avoir le béguin. **Kicker :** flasher sur quelqu'un.

Kif kif : (faux ami) moitié moitié. Et non pas « pareil » ou « la même chose », comme en France.

Kit (un) : (angl.) un ensemble, un équipement, une panoplie. Kit de maquillage, de plongée, de danseur, de camping, etc. « J'ai trouvé un p'tit kit sexy pour le Bal en Blanc » (j'ai trouvé un ensemble sexy pour le Bal en Blanc – Rave géante qui a lieu au printemps à Montréal. Pour y entrer il faut être vêtu de blanc, comme chez Barclay !). **Tout le kit :** tout le tralala.

K-way [prononcer *ki-wi*] : (angl.) coupe-vent. Au Québec on prononce kiwi, en France kawé. So what ! Qui a le meilleur accent ? Et là les Québécois se bidonnent parce que s'ils parlent le français avec un accent qui amuse les Français, pour ce qui est de l'accent anglais des Français heu… le plus fair-play serait sans doute d'oublier la question et de passer au mot suivant !

Kodak : (vieilli) 1 – Appareil photo. 2 – Caméra. **Poser quelqu'un, quelque chose avec un kodak :** photographier quelqu'un, quelque chose. Poser ? On n'en est plus au daguerréotype hé !

L' : le « l » qui désigne le sujet (ça l'a amusé). Parfois présent dans certaines expressions québécoises alors qu'il n'a pas lieu d'être : « ça l'a pas d'allure ». « Ça l'a une importance ». « Ça l'a été dur ». « Ma grafignure va mieux, ça l'élance plus » (mon éraflure va mieux, ça ne m'élance plus). « A l'a été chez le chiropraticien ». Le chiropraticien est un professionnel de la santé naturelle qui soigne avec les mains et se concentre sur les systèmes nerveux et musculo-squelettique.

Lâche(z)-pas! : courage! **Ne pas lâcher :** continuer, ne pas arrêter. « On lâche pas ». **Lâcher quelqu'un tranquille :** laisser quelqu'un tranquille. Un peu le « lâche-moi les baskets » français.

Lâcherie : lâcheté.

Là là [prononcer en appuyant fortement les « a » dans les graves] : là maintenant. Ce n'est pas le début d'une chanson! Amplificateur d'émotion. « Là là ça va faire » (maintenant ça suffit).

Lâche : (faux ami) paresseux.

Lâcher un wack [prononcer *ouak*] : 1 – Être surpris, sursauter. 2 – Crier de surprise. 3 – Donner de ses nouvelles, faire un coucou. « Si t'es à Montréal lâche-moi un ouak, hésite-pâs » (si tu es à Montréal fais-moi signe, n'hésite pas).

Laisse faire : laisse tomber. « Laisse faire le sucre, c'est déjà sucré. »

Laite : laid. « Sti qu'é laite » (grand dieu qu'il est moche).

Lait évaporé : (angl. *evaporated milk*) lait concentré.

Lance et compte! : l'équivalent au hockey sur glace du « tire et marque » au foot. Titre d'une série télévisée connue sur le hockey.

Large : (angl.) grande portion alimentaire. « Une pizza large. »

Last call : (angl.) dernier appel. Dans un bar ou une boîte par exemple, prévient les clients que le bar va fermer, leur permettant ainsi de commander leurs dernières consommations et d'en prévoir si nécessaire pour la fin de la soirée. On peut se *caler des bières* sans souci puisqu'on a des réserves!

Lavage, laverie : action de laver le linge, de faire une lessive. « Le samedi je fais mon lavage ». Voir *buanderie*.

Lave-auto : établissement de nettoyage d'auto.

Laveuse : machine à laver. **Laveuse-sécheuse :** machine à laver et sèche-linge. Voir *sécheuse.*

Lé : quand il est complément d'objet direct, « le » se prononce souvent « lé ». « Gad-lé don » (regarde-le donc).

Lettre moulée : lettres en caractères d'imprimerie, majuscules. « Remplir votre déclaration de revenus en lettres moulées » (remplir votre déclaration d'impôts en majuscules).

Licence complète : permis de vendre toute sorte d'alcool, aussi bien bière qu'alcool fort.

Lichage : flatterie. **Licher :** lécher. **Licheux de cul :** flatteur, lèche-cul. Voir *têteux.*

Lift (donner un) [ne pas prononcer le t] : (angl.) emmener quelqu'un en voiture. « J'ai pas d'auto, quelqu'un peut me donner un lift ? »

Ligne : frontière entre les pays.

Linge : 1 – Torchon. 2 – Vêtements. « J'ai serré mon linge dans le garde-robe » (j'ai rangé mes habits dans le placard).

Lingerie : 1 – Draps, taies d'oreillers, linge pour le lit. 2 – Lingerie féminine.

Liqueur, liqueur douce : (faux ami) soda, boisson gazeuse sucrée sans alcool. Le Schweppes par exemple est une liqueur. Par contre la limonade (ce serait trop simple) c'est un citron pressé !

Liquid Paper [prononcer *likouide paipeur*] : correcteur fluide. Marque devenue nom commun comme le « Tipex » ou le « Blanco » en France.

Lisable : lisible.

Lit double : lit à deux places. Un grand lit double se dit « lit queen » et un très grand lit double est un « king ». **Lit simple :** lit à une place.

Livre : unité de masse. Voir *mesures.* **À la livre :** au poids.

Longue-distance (un appel) : (angl. *long distance call*) appel téléphonique qui sort de la localité. Variante : un interurbain.

Loqué : (angl. *luck*) chanceux, veinard. Voir *badloque.*

Loup-marin : phoque. Le bébé phoque à la fourrure blanche est appelé « blanchon ».

Lousse : (angl. *loose*) 1 – Détendu, lâche, relâché. « Ma chaîne de bicycle est lousse. » 2- Généreux avec son argent. 3 – En vrac. Grain lousse. **Air lousse :** système de (bons) points concédés par une femme à son mari, donnant droit à des sorties entre copains. D'après un sketch de l'humoriste québécois François Morency qui s'est inspiré des points « Air Miles » d'American Express (chaque achat avec votre carte de crédit vous permet d'accumuler des points échangeables ensuite contre des objets de consommation ou des trajets en avions). **Lâcher lousse :** lâcher prise, se laisser aller. « Lâche-toé lousse ! »

Loyer (être à) : être locataire.

Lulu : couette dans les cheveux.

Lumière : (angl. *traffic light*) 1 – Feu de signalisation, de circulation. « Tu prends drette trou pis tu tournes à la lumière » (tu prends tout droit et tu tournes au feu). 2 – Phares d'un véhicule.

Lunch : 1 – Repas du midi. 2 – Repas léger, pique-nique, casse-croûte. **Boîte à lunch :** boîte ou sac souvent isotherme qui sert à transporter le repas du midi des écoliers – il existe peu de cafétérias (cantines québécoises) - ou de n'importe quel travailleur ne souhaitant ou ne pouvant pas manger au restaurant. À la belle saison des dizaines d'employés fleurissent dans les parcs de la ville, mangeant leur pique-nique en profitant du soleil. L'hiver au contraire ils restent au chaud, dans une salle généralement prévue à cet effet par l'entreprise, offrant souvent micro-onde, machine à café et distributeur de sodas, chips et autre junk-food. **Luncher :** déjeuner.

Lutte : catch, la discipline sportive.

Lyrer : 1 – Pleurnicher. 2 – Rabâcher. Façon plutôt poétique de qualifier ce qui peut être franchement casse-pieds !

M

Ma: je vais (faire quelque chose). « J'ai l'trou d'cul en déssous du bras, ma y dire de chauffer à souère » (je suis exténué, je vais lui dire de conduire ce soir). **Ma te [prononcer *mott'*]:** je vais te. « Mott'dire une affaire » (je vais te dire une chose). « Arrête don d'lyrer, mott'l'arranger ta bébelle! » (cesse donc de pleurnicher, je vais te le réparer ton jouet!)

Machine: (vieilli) automobile. Faire un tour de machine.

Maganer: abîmer, endommager, salir, amocher. **Magané:** s'emploie pour parler d'une chose abîmée ou d'une personne qui n'est pas en forme. « Chu magané, j'ai pris une brosse hier à soir » (je suis vaseux, j'ai pris une cuite hier soir).

Magasiner: faire du shopping en « bon » français de France, des courses, du lèche-vitrines. **Magasinage:** shopping. « Les Français et leur anglais. Pis après y disent que c'est nouzôt qui parlent mal! »

Maïs soufflé: francisation plus usitée que pop corn. À noter qu'on ne dit pas « *blé d'Inde* soufflé ».

Mais que: dès que, aussitôt que.

Mall [prononcer *maul*]: (angl.) centre commercial.

Malle: (vieux français *malle-poste*) la poste, le courrier. « Il y a de la malle pour toi a matin. » « Je t'envoie le dossier par la malle. » **Boîte à malle:** boîte aux lettres. **Maller:** poster. « Je vais maller ma lettre. »

Manquer: faillir, éviter de justesse. « Serre tes espadrilles tabarouette, j'ai manqué m'enfarger d'dans » (range tes chaussures de sport bon sang, j'ai failli trébucher dessus).

Marche (prendre une) : (angl. *take a walk*) se promener à pieds.

Marde : merde avec l'accent! « Maudzite marde ». « Mange da marde ». Un « merde » québécois a plus de poids qu'en France, à ne pas employer à tire-larigot donc! **Mardeux :** merdeux, chanceux.

Maringouins : (amérindien *mbarigui*) moustique. Terme emprunté au tupi et guarani, langues amérindiennes autrefois parlées sur les côtes brésiliennes. Lors de l'expansion coloniale, ce mot s'est répandu par l'intermédiaire des marins français, ce qui explique qu'on l'emploie également aux Antilles, à l'île de la Réunion et en Louisiane. On dit que tout est plus grand, plus gros, plus haut en Amérique. Pour le maringouin, c'est vrai! « C't'une astie d'grosse bibitte » (c'est une saloperie de grosse bestiole) qui, quand elle vous pique, injecte sa salive sous votre peau pour mieux aspirer votre sang et se gorger de vos protéines. À noter que c'est la femelle qui pique. Il en résulte non pas un bouton gratouillant version moustiques français, mais des enflures vivaces aux démangeaisons qui peuvent durer plusieurs semaines. Avec ses lacs et ses forêts le Canada est un paradis pour les moustiques. On en dénombre plus de soixante-dix espèces dont une cinquantaine au Québec. Au printemps le maringouin prolifère massivement alors si vous rêvez des grands espaces canadiens, beurrez-vous impérativement d'antimoustique sinon « ma cabane au Canada » se transformera vite en cauchemar! Le maringouin est parfois porteur du virus du Nil, apparu en Amérique en 1999. En 2002, le premier cas de transmission à l'humain a été confirmé en Ontario, Canada. Quand on vous dit que ce pays est dangereusement sauvaaage!

Masse (en) : beaucoup. Suffisamment, assez, largement. En quantité suffisante. « Ça suffit, c'est en masse! »

Matante : 1 – Tante. « J'ai reçu un cadeau de ma matante Thérèse. » 2 – Personne kitch, ringarde. Voir *quétaine*. 3 – Homosexuel efféminé, travesti, une « tante » quoi!

Matcher : assortir, mettre ensemble, correspondre. « Normand et Renée matchent bien ensemble ». « Tes bas matchent bien avec tes culottes » (tes chaussettes vont bien avec ton pantalon). Voir *fitter*.

Maudire : donner, foutre, un coup-de-poing, une baffe. Je lui ai maudit une claque. **Maudire une volée à** : rosser.

Maudit [peut se prononcer *maudzit*] : (religieux *malédiction*) juron, blasphème. « Maudzit qu'y'é cave » (putain ce qu'il peut être niais). « Toé mon p'tit maudit ! » (toi mon sacripant !) « Maudit crisse de caractère de cochon ! » Placer maudit devant un juron religieux le transforme en blasphème. Dire « maudit crisse » c'est maudire le Christ. Je vous laisse imaginer le niveau de colère de celui qui le profère... Euphémisme : mautadit, mautadine, maudine. **En maudit :** furieux. « Je suis en maudit » (je suis fâché).

Maudits Français [peut se prononcer *maudzits françàs*] : deux mots qui résument les rapports haine/amour qui existent entre les Français et les Québécois. Le maudit Français sourit de l'accent québécois, oubliant qu'au Québec c'est lui qui a un accent. Le maudit Français reprend le Québécois, corrige sa prononciation ou lui souligne ses anglicismes. Le maudit Français dit que la poutine est « étouffe chrétien » et que manger du fromage en grain c'est comme mâcher du mastic. Le maudit Français explique au Québécois l'histoire de son pays, comparant l'inculture de son peuple à celle des Étasuniens. Le maudit Français trouve que les Québécoises ne sont pas féminines. Il critique les vêtements mal coupés et de mauvaise qualité, la chasse aux phoques et les coupes à blanc dans les forêts boréales. Il se moque de Céline Dion, de la vétusté du métro et de l'état de la voirie à Montréal (encore que ça, même les Québécois s'en gaussent...) N'allez pas croire cependant que le Québécois manque de répondant. Pour lui le Français sait tout sur tout, a toujours raison et n'écoute jamais, trop occupé à parler sans cesse, souvent pour ne rien dire, et ce malgré son accent de tapette, qui d'ailleurs s'accorde parfaitement à son élégance et à son physique efféminés (manque de muscles). Une élégance douteuse soit dit en passant, vu sa pauvre consommation de savonnettes et de brosses à dents à l'année, sans parler de la saleté de ses villes beurrées de crottes de chien. Le Français resquille et cherche toujours une occasion de vous truander, pour lui c'est une seconde nature. Pourtant ça ne l'empêche pas d'être un donneur de leçon, qui oublie fort à propos ses propres faiblesses, telle son incapacité à gérer les questions corse, basque ou bretonne par exemple. Et que dire du passage de Le Pen au second tour des élections françaises ! Le Québécois saura aussi se moquer de votre impuissance à apprendre les langues étrangères et de votre entêtement à utiliser des mots anglais alors que vous n'êtes pas fichu de les prononcer correctement. Il dira que les vins californiens n'ont rien à envier aux Bordeaux, que votre réputation sexuelle est totalement usurpée comparée aux Italiens et que d'un point de vue intellectuel les cerveaux se trouvent aujourd'hui en Amérique. Enfin il vous accusera de les avoir abandonnés à l'époque de Louis XIV. Bref, de quoi se dire nombre de gentillesses d'un côté comme de l'autre. Heureusement qu'on s'aime bien quand même !

Mausus : (religieux *Moïse* prononcé à l'anglaise *Moses*) juron, blasphème. « Le mausus d'infirmier y m'a faite mal en astie avec ses mains pleines de pouces » (l'empafé d'infirmier m'a fait un de ces mals avec ses grosses pattes maladroites).

Médium : moyen, en parlant de la taille, de la quantité. « Un coke médium s'il vous plaît ». Le mot « moyen » est également utilisé mais d'un point de vue syntaxique, il ne se place pas après le nom mais avant. « Un moyen coke. »

Mêlant : confus, difficile à comprendre, qui désoriente. « C'est mêlant toutes ces différences entre le français et le québécois ».

Mêlé (être) : être embrouillé, perturbé, pour une personne. Être emmêlé, pour une chose.

Même à ça : même comme ça. « Chu écœuré d'ma job, je fais de l'overtime mais même à ça le boss est pas content » (je suis dégoûté de mon travail, je fais des heures supp. mais même comme ça mon patron n'est pas content.)

Mémérage : commérages. Un passe-temps de mémères ?

Mémérer : faire des commérages. « Avez-vous fini de mémérer sul dos du monde ? » (avez-vous fini de faire des commérages sur le dos des autres ?)

Menterie : mensonge.

Mesures : le système métrique utilisé en France (mètres, grammes, litres, etc.) date de la Révolution. N'ayant pas vécu cette dernière, la Nouvelle-France, tombée sous la coupe anglophone, est passée du système royal français au système anglo-saxon (pieds, pouces, miles, onces, gallons, livres, etc.) Ce n'est que depuis les années 1970 que le système métrique est devenu officiel au Canada, mais les anciennes mesures ont la vie dure ! C'est la joyeuse confusion, d'autant que les États-Unis sont restés au système anglais et que les échanges économiques entre les deux pays sont importants. Côté conversion, le Canadien a du mal à faire bon poids bonne mesure !

- Combien de kilomètres à pieds ?

Les grandes distances se mesurent en kilomètres, la vitesse en kilomètres/heure, pourtant le kilométrage se dit millage. Les petites distances qu'on peut parcourir à pied s'expriment en - devinez quoi - pieds ! Le pouce mesure la taille des objets mais s'ils sont trop petits, on passe en millimètres car c'est plus pratique que le demi, le quart, le huitième ou le seizième d'un pouce. La surface des habitations fait l'unanimité : tout le monde parle encore en pieds carrés. Les verges tombant en désuétude, c'est aujourd'hui le sens sexuel du mot qui prédomine chez les jeunes. Les règles d'écoliers sont en centimètres d'un côté, en pouces de l'autre. La taille humaine est en pieds et en pouces et le poids en livres - je mesure 5 pieds 7 pouces et je pèse 130 livres - même si les documents officiels donnent ces mesures en mètres, centimètres et kilogrammes. À la naissance les mensurations de bébé sont données aux parents en livres, onces et pouces mais sur le papier ces informations se transforment en centimètres et kilogrammes.

- Combien de litres dans le gallon ?

Litres et millilitres dominent mais les centilitres brillent par leur absence. Une bouteille de bière fait 341 ml ce qui correspond à l'ancienne mesure en onces. Les gros volumes s'expriment en gallons mais, comme si cela ne suffisait pas pour rendre tout le monde marteau, le gallon étasunien contient moins que le gallon britannique utilisé au Canada. Côté essence, les Québécois connaissent généralement la contenance de leur réservoir en gallons pourtant l'affichage des stations-service est en litres. Si la consommation d'une voiture se chiffre en miles par gallon, officiellement c'est les litres au kilomètre qui ont cours. La pinte est utilisée pour certains produits : une pinte de lait par exemple, elle représente un quart de gallon, soit un peu plus d'un litre. Mais puisque plus on est fou, plus on rit, la pinte américaine vaut un peu moins d'un litre, et la pinte britannique, un peu plus d'un demi-litre !

- Le poids du caddie.

Sur les pubs et prospectus les prix s'affichent en livre et en kilo, au moins on a le choix. Pour les denrées au poids, achetées au marché par exemple, c'est plutôt la livre qui domine. Sur les emballages la plupart des produits affichent les différentes unités de mesures, mais pas toujours. Le plus balaise dans tout ça c'est que les Canadiens arrivent à faire du commerce malgré ce grand n'importe quoi ! Chapeau bas !

Mets-en ! : Tu parles ! Absolument ! Et comment ! Tu m'étonnes ! « Mets-en qu'c'est beau ! » « J'ignorais que tu aimais autant la lasagne. — Mets-en ! C'est ben meilleur que le spagatte ! » (J'ignorais que tu aimais autant les lasagnes. — Et comment ! C'est bien meilleur que les spaghettis !)

Mettons que : admettons que, supposons que.

Mettre les barres sur les T : mettre les points sur les i. Les Québécois utilisent les deux expressions.

Mieux (t'es mieux de) : tu ferais mieux de.

Minouchages : caresses, mamours, cajoleries, minauderie. « A l'aime son homme, a y faite des minouchages à la journée longue » (elle l'aime son homme, elle lui fait des mamours à longueur de journée). **Minoucher :** caresser, cajoler.

Minou : Chat. **Minoune :** 1 – Chatte. 2 – Vieux tacot.

Misère (avoir de la) : éprouver de la difficulté, avoir du mal à. « J'ai d'la misère à lire, ça me prend des lunettes » (j'ai du mal à lire, j'ai besoin de lunettes). Si vous avez « de la misère » version québécoise et qu'on vous « fait des misères » version française, vous êtes mal barré !

Mitaine : (angl. *mitten*) moufle.

Moé : moi.

Monde (le) : les gens. Le Français reçoit « du monde à dîner » ou trouve qu'il y a « trop de monde. » Le Québécois utilise le terme beaucoup plus souvent. « Le monde s'est arrêté pour regarder les pompiers en action. » **Comme du monde :** comme il faut. Comme il se doit. « Viens t'en, t'es toute échevelée, mott'faire tes lulus comme du monde » (viens ici, t'es toute décoiffée, je vais te faire tes couettes comme il faut).

Mononcle : 1 – Oncle. « Je m'en vais chez mon mononcle. » 2 – Personne ringarde, kitch, lourde. Un mononcle, le mononcle. Voir *quétaine.* Au Québec c'est l'oncle qui est ringard, en France c'est le beau-frère (un beauf).

Montagne (la) : c'est ainsi que les Montréalais appellent le Mont Royal, colline de 232 mètres formée de trois sommets, qui se trouve au coeur de la cité et a donné son nom à la ville de Montréal. C'est le Central Park québécois, d'ailleurs il a été dessiné par le même architecte paysagiste, Frederick Law Olmsted. Inauguré le 24 mai 1876, c'est l'un des espaces verts préférés des Montréalais. Haut lieu de vie, on y vient été comme hiver pour y faire, selon le temps, de la marche, du vélo, du jogging, des pique-niques, des barbecues, de la calèche, du pédalo, du patinage, du ski (près de 20 kilomètres balisés), des glissades en chambres à air (gros pneus gonflables noirs utilisés comme luges), de la raquette, etc. L'Américain ne comprenant pas le concept inepte de la pelouse interdite, vous pouvez vous faire dorer en maillot de bain au pied des grands arbres parmi les ratons laveurs et les écureuils qui n'hésitent pas à vous bombarder de trognons de pommes de pin ou de glands si vous refusez de partager votre casse-croûte. Deux belvédères offrent un très beau panorama sur la ville. À l'origine la montagne servait de cimetière. Quand la ville de Montréal a demandé à Frederick Law Olmsted d'en faire un parc, il a choisi d'intégrer le cimetière existant pour transformer ce coin de nature en lieu de rencontre et de détente où la vie et la mort se côtoieraient.

Aujourd'hui encore une partie du Mont Royal sert au repos éternel des défunts tandis que les vivants flânent ou pique-niquent entre les tombes, particularité qui provoque régulièrement une certaine incrédulité chez le visiteur français !

Montée (la) : l'allée devant le garage.

Mope : (angl. *mop*) vadrouille. Balai à franges.

Moto hors route : moto-cross, en « bon » français de France !

Motte : boule, balle, masse compacte de neige. « Une bataille de mottes de neige ».

Mottons : 1 – Bouloches, sur les vêtements. 2 – Grumeaux.

Motton (avoir le) : avoir envie de pleurer, avoir le blues.

Mouche (faire des) : mal fonctionner. « La tévé fait des mouches ».

Mouche à chevreuil : grosse mouche noire à ailes triangulaires dont la piqûre est pénible. **Mouche à feu :** (angl. *firefly*) ver luisant, luciole. **Mouche à marde :** personne collante. **Mouche à miel :** abeille. **Mouche à orignal :** sorte de gros taon.

Moufette ou squonce : (angl. *skunk*) petit mammifère carnivore de la famille des mustélidés. Comme elle est jolie la moufette avec son épaisse fourrure noire et blanche ! De la taille d'un chat potelé elle n'a ni griffes démesurées, ni crocs effrayants et semble sans défense. Elle avance posément, ne cherchant ni à fuir, ni à se cacher. Est-ce sa belle assurance qui inspire respect aux autres animaux qui l'évitent si soigneusement ? Qu'est-ce qui rend la moufette si sûre d'elle ? Quand on sait que son nom scientifique, *mephitis* en latin, signifie « nauséabond » et qu'on la surnomme « bête puante », on a soudain nettement moins envie de la caresser. Cousine du putois européen, la moufette américaine partage aussi son système de défense qui consiste à projeter un liquide malodorant et extrêmement tenace, sécrété par ses glandes anales. Mademoiselle pue ! Une odeur si généreuse qu'elle peut se répandre sur près d'un kilomètre. Même les ours ne s'y risquent pas alors si vous la croisez, évitez les gratouilles sous le menton, de toute façon elle ne ronronne pas !

Mouiller: pleuvoir. **Mouiller à boire debout, mouiller à siaux:** pleuvoir abondamment.

Moumoune: 1 – Trouillard, peureux, poule mouillée. 2 – Homme aux manières efféminées, tapette.

Moutarde douce: moutarde sucrée comme celle qu'on peut trouver dans les hamburgers en France. La moutarde salée française est appelée moutarde forte.

Moyen: même sens qu'en France sauf quand il est utilisé ironiquement. « Un moyen imbécile » (un grand crétin). « Un moyen problème à résoudre » (une grosse tuile à régler).

Moyens (être en): être riche, avoir les moyens.

MTS: maladie transmise sexuellement. En France on dit MST, maladie sexuellement transmissible. Chacun n'en fait qu'à sa tête quoi!

Muffler [prononcer *meuffleur*]: (angl.) silencieux d'une voiture.

Quand il fait très froid tu t'habilles
avec de fines couches de
vêtements superposés et ça l'fait.

NO

911 [prononcer *neuf un un*] : numéro de téléphone des urgences.

Nanane, nénane, nanan : (vieux français) 1 – (langage enfantin) Bonbon, sucrerie, douceur, gâterie. Donner du nanane à un enfant. Est-ce qu'une *nounoune* qui mange sa poignée de nananes c'est forcément *nono*? (Est-ce qu'une sotte qui mange sa poignée de bonbons c'est forcément idiot ?) 2 – (au singulier) Chose exquise, plaisir, en particulier sexuel. Et une nounoune qui a du nanane, c'est nono ? **C'est du nanane :** 1 – Très bon, très recherché, tout ce qu'il y a de plus agréable. 2 – C'est très facile, c'est du gâteau ! **Enfant de nanane :** s'utilise aussi bien en terme affectif qu'en reproche - chenapan, garnement, fripouille - voire en insulte - fils de pute. **Rose nanane :** 1 – Rose bonbon. 2 – À l'eau de rose. **Voir la vie en rose nanane :** voir la vie en rose. Avoir un optimisme béat.

Napkin [prononcer *napquine*] : (angl.) serviette de table.

Naveau : 1 – Navet. 2 – Imbécile, crétin. Terme tombé en désuétude sauf en Acadie où il est encore très utilisé.

Neige mouillante : neige fondante… forcément plus mouillante puisqu'elle redevient à l'état liquide, ça tombe sous l'sens !

Neigeailler, neigeâsser : neiger légèrement.

Néo-Québécois : immigrant ayant pris la nationalité canadienne et vivant au Québec. Le Québécois de souche est appelé *pure-laine*, alors le néo-québécois : vulgaire acrylique ou pure cashmere ?

Ne pas manger ses cordons de bottines : ne pas s'énerver. Voir *bâs*.

Ne pas valoir de la colle : ne rien valoir. Être de mauvaise qualité.

Nerfs ! (les) : du calme ! « Les nerfs, vous autres ! » **Ne pas se piler sur le gros nerf** : garder son sang-froid, ne pas s'énerver. **Pogner les nerfs** : s'énerver. « Pogne pas les nerfs, c'est rien de grave ».

Net-frette-sec : brusquement, soudainement. De but en blanc.

Péter au frette : mourir sur le coup, subitement, faire un infarctus. « Tu vas finir par péter au frette si tu relaxes pas un peu » (tu vas finir par claquer si tu ne mets pas la pédale douce).

Neutre (au) : au point mort, pour un véhicule.

Newfie [prononcer *nioufi*] : (péjoratif) diminutif de « Newfoundlander », Terre-neuvien. L'équivalent au Canada des Belges pour les Français. « Un brave gars pas très futé habitant le New Found Land. » Il existe probablement autant de blagues sur les Newfies que sur les outre-Quiévrains, d'ailleurs elles se ressemblent pour la plupart, il suffit de remplacer l'un par l'autre pour vous faire une idée. En voici une : « un newfie décide de venir au Québec mais ne veut pas que le monde remarque qu'il est Newfie. Il demande à un ami s'il aurait un truc. Son ami lui dit de parler comme les Québécois, de tout le temps sacrer. Il apprend les sacres par cœur et, une fois rendu, entre quelque part et demande au caissier : donne-moi deux hamburgers câlisse, avec des frites sacrament pis avec ça, une liqueur ostie ! — T'es t'un Newfie hein toi ? — Comment t'as faite pour deviner ? — T'es dans une quincaillerie innocent ! » Dans un autre genre : « deux Newfies font du camping. Au milieu de la nuit, l'un d'eux se réveille et demande à l'autre : quessé tu fais ? — Je me masturbe. — La prochaine fois, tu prendras la tienne ! »

Nez (respirer par le) : se calmer.

Niaisage : perte de temps.

Niaiser : 1 – Faire le pitre, l'idiot. 2 – Flâner, perdre son temps. **Niaiser quelqu'un** : se moquer, charrier, faire marcher quelqu'un. « A m'a assez niaisé d'même. » (Elle s'est assez moquée de moi). « Ma su faite niaiser pas à peu près. » (Je me suis fait avoir en beauté, j'ai été bien attrapé).

Niaiseux : imbécile, stupide. « Lui y'é ben niaiseux quand y veut ».

Niochon : niais. **Niochonnerie :** niaiserie.

Noirceur : obscurité, nuit.

Noire (peur) : peur bleue. Les goûts, les couleurs...

Nono : niais, neuneu, naïf, idiot, bête, sot. Passer pour un beau nono. Faire le nono. « C'est nono ce que tu fais. » « Gang de nonos ! » (Bande de débiles !)

Noune : (vulgaire) sexe de la femme. Vulve, vagin. « Quand une noune rencontre une bizoune ça se termine en balloune. » (quand une foufoune rencontre un zizi ça se termine en cloque).

Nounoune : 1 – Personne (généralement une femme), naïve jusqu'à la bêtise. Insipide, insignifiante, pas délurée. « Il lui fait accroire n'importe quoi. Nounoune à c'point-là, ça s'peut pas ! » (il lui fait croire n'importe quoi. Ce n'est pas possible d'être si crédule !) « É don bin nounoune sa blonde, à d'vait ête la dernière qui restait su é tablettes ! » (Elle est vraiment sotte sa copine, il ne devait pas rester d'autres filles disponibles !) Variante : une pas vite, une pas fine. 2 – Chose ou propos bête, stupide. « J'en ai plein mon cass de ses questions nounounes ! » (j'en ai ras le bol de ses questions stupides). Idée nounoune. **Nounounerie :** bêtise, stupidité. « La jeunesse passe, la nounounerie reste ! »

Nu-bâs : en chaussettes. Voir *bâs*.

Objecter (s') : s'opposer.

Œil (avoir un coq l'œil) : (angl. *cock*) 1 – Loucher. 2 – Mal voir, au propre comme au figuré. Ne pas voir les choses comme elles sont. « T'es ben coq l'œil, t'es pas capab de mettre à niveau » (tu ne vois pas la réalité telle qu'elle est). **Avoir un œil qui envoye chier l'autre :** loucher. Variante : avoir les yeux croches. **Tomber dans l'œil de quelqu'un :** lui taper dans l'œil.

Œuf au miroir, frit : œuf sur le plat. **Œuf tourné :** œuf sur le plat cuit des deux côtés.

Oiseaux (être aux petits) : être aux anges.

On n'est pas sorti du bois : (angl. *we're not out of the wood)* on n'est pas sorti de l'auberge. Le Québécois est plus nature, faut dire que côté bois, il a de quoi faire. Si le Français préfère l'auberge, c'est peut-être parce qu'on peut y rester attablé !

Openeur : (angl. *opener*) ouvre-boîte, ouvre-bouteille. **Canne-openeur :** ouvre-boîte. Voir *Canne.*

Ordinaire : 1 – Médiocre. En France « ordinaire » est employé pour dire « normal, moyen, habituel », ce que le Québécois lui qualifie de « régulier ». En France, un croissant ordinaire est sans beurre mais pas forcément médiocre. Au Québec, qu'il soit avec ou sans beurre, s'il est ordinaire c'est qu'il ne vaut pas tripette ! 2 – (région Lanaudière) très désagréable.

Oreille de crisse : grillades de lard salé. Plat mangé à la *cabane à sucre.*

Oreilles (se faire remonter les) : (vieilli) se faire couper les cheveux. S'employait à une époque où la mode était à la coupe en brosse. Expression très imagée pour marquer la différence visuelle flagrante lors du passage d'une coupe à la longueur classique à un crâne presque rasé qui dévoilait nettement les oreilles.

Orignal : cervidé de grande taille, à pelage brun, dont les hautes épaules sont surmontées d'une bosse. Le mâle porte de larges bois plats et palmés. Sa chair est comestible. C'est le roi de la forêt canadienne et un symbole au même titre que la feuille d'érable, comme le prouvent les peluches qui envahissent les magasins pour touristes. On y trouve même des mocassins en peau d'orignal. Avec ça vous pourrez caller la pitoune ou le beau gars ! (Imiter le cri de la bimbo ou du beau mec pour l'attirer !) Voir *caller l'orignal.*

Ostine la bottine t'auras pas ton cordon : tu perds ton temps à t'obstiner, tu n'auras pas le dernier mot.

Ostiner, astiner (s') : 1– S'entêter, pinailler, argumenter de façon agaçante. « Ces deux-là à toutes les fois qu'y s'voient faut qu'y s'ostinent. » (Ces deux-là, dès qu'ils se voient, ils se prennent la tête.) 2 – Contester sans cesse, contredire.

Ostineux : personne têtue, obstinée. Qui conteste sans cesse.

Oubedon, oubendon : ou bien.

Ouache! : beurk! Exclamation de dégout.

Ouaouaron : (Iroquois) grenouille géante d'Amérique du Nord dont le coassement ressemble à un mugissement.

Oublie ça : laisse tomber.

Oui : si. Le « si » pour contredire une négation n'est pas utilisé au Québec. À la question « tu n'as pas fini ? » le Français répond « si, j'ai fini. » et le Québécois dit « oui j'ai fini. »

Ouin, ouay : ouais, mouais. S'emploie quand on est dubitatif, ou pas satisfait. **Ouin pis? :** et alors ?

Ouvrage : travail. « Je viens de me trouver de l'ouvrage ». « J'ai de la grosse ouvrage à faire ». « Mon accident s'est produit à l'ouvrage ». « C'est de la belle ouvrage » (c'est du travail bien fait). **Abattre de l'ouvrage :** travailler dur, efficacement.

Overtime (faire de l') : faire du rab, des heures supplémentaires.

Je me suis fait piquer mes noisettes.
Si j'en chope un qui touche à mon casse-croûte
je lui fous ma patte dans la tronche.

P

Pain croûté : pain avec une croûte croustillante, en opposition avec le pain de mie.

Palette : 1 – Morceau. 2 – Cuillère de bois utilisée pendant la cuisson du sirop d'érable. **Palette de chocolat :** tablette de chocolat. **Palette de genou :** rotule.

Pamphlet : brochure, dépliant. En Amérique du nord le pamphlet sert à donner de l'information, il n'est pas satirique. La France aurait-elle un talent particulier pour la diatribe et l'art de railler ? La cour de Louis XIV excellait en la matière, il en reste probablement quelque chose.

Pantalons (des) : un pantalon. Des pantalons c'est un par jambe ?

Pantalon court : short.

Pantoute, pas pantoute : pas du tout. « J'ai pas pantoute le goût d'y aller » (je n'ai pas du tout envie d'y aller). « C'est-y vrai ? — Pantoute ! »

Papier sablé : papier de verre. Voir *sabler.*

Paqueté : 1 – Ivre. 2 – Bondé, plein à craquer. « La salle de réception est paquetée ».

Paqueter : 1 – Faire les bagages. **Paqueter ses petits :** se préparer à partir. 2 – Se saouler. À noter que le Québécois se paquete la fraise.

Paqueton : (désuet) baluchon de vêtements et d'effets personnels. Les bûcherons partaient pour les chantiers avec leur paqueton sur le dos.

Paraître bien, mal : avoir belle ou sale allure.

Parcomètre : parcmètre.

Pareil : quand même. « J'haïs la soupe ! — Mange-la pareil. » (je déteste la soupe. — Mange-là quand même !) **Pareil comme :** comme, pareil à. « Joanne s'habille pareil comme Francine ».

Parenté (la) : famille au sens large. Grands-parents, cousins, oncles…

Par exemple : 1 – Par contre, en revanche. « Je peux prendre un café mais j'ai pas assez de sou pour un *sous-marin* par exemple. » 2 – Que c'est… « C'est cher par exemple ! » (que c'est cher !)

Parlable (pas) : d'un abord difficile. Personne qui a tendance à prendre la mouche facilement, qui s'énerve vite, d'un abord glacial, repoussant, qui tient à distance, avec qui on n'a aucune affinité.

Parlure : 1 – Parler local. 2 – Façon de parler. La parlure québécoise.

Parquer : (angl. *to park*) garer, stationner. « Ça fait jusse trois fois qu'on fait l'tour cibouère, tu vois ben qu'y a nulle part où se parquer ! » (ça fait trois fois qu'on fait le tour bon sang, tu vois bien qu'il n'y a pas de place).

Parquet : sol, aussi bien carrelage, lino que plancher. Pas de détail.

Partir : démarrer, lancer. « Va partir le châr, j'arrive. » (va démarrer la voiture, j'arrive). **Partir à :** se mettre à. Partir à rire, à crier.

Party [prononcer *parté*] : (angl.) fête, soirée. « J'ai un party d'Halloween a soir ». **Être su l'party :** être dans l'ambiance de la fête.

Passe (une) : (angl. *pass*) 1 – Laisser-passer. 2 – Carte de transport en commun mensuelle. 3 – Passage, sentier, chemin. 4 – Serre-tête. **Faire la passe :** abuser, profiter. Pas de connotation sexuelle.

Pas (si) pire : pas (si) mal, acceptable. « As-tu aimé l'exposition ? — C'était pas pire ». **Aussi pire :** aussi mauvais.

Passer la nuit sur la corde à linge : passer une nuit blanche. Rentrer chez soi aux petites heures du matin après une nuit houleuse, voire ne pas rentrer du tout. Avoir été malade toute la nuit et n'avoir pas fermé l'œil. **Passer tout droit :** dormir trop tard. **Passer un sapin à :** se faire raconter des histoires ou se faire arnaquer. « Ma su faite passer un sapin ». L'expression aurait deux origines. La première viendrait de la pratique malhonnête consistant à vendre du sapin comme (mauvais) bois de chauffage. La seconde est plus historique. Autrefois les Québécois étaient les bûcherons et les Canadiens anglais les chefs d'entreprises. Plus riches, ils construisaient leurs maisons avec le bois d'épinette, de bonne qualité, qu'ils allaient chercher chez nos bûcherons les Québécois. Ceux-ci glissaient ici et là dans la commande du mauvais bois de sapin. Ils « passaient un sapin » aux Anglais.

Pas vergeux : pas terrible, qui ne vaut pas grand-chose.

Patate (bonbon) : friandise faite de pommes de terre en purée, de sucre et de beurre d'arachide. **Parler avec une patate chaude dans la bouche :** parler indistinctement, sans articuler, ou, plus rarement, avec un effort exagéré. **Être dans les patates :** être à côté de la plaque, être à l'ouest. Se tromper. « C'est pas sa blonde c'est sa soeur, t'é dans é patates man ! » (c'est pas sa nana c'est sa soeur, t'es à côté de la plaque mon vieux !) Le Français lui fait plutôt dans les choux. Quand un Français largué rencontre un Québécois à l'ouest, entre les choux et les patates ça fait quoi ? Une soupe ! **Patate de sofa :** (angl. *couch potatoe*) personne qui passe son temps à *vedger* sur son canapé, devant la télé. Ce « légume » s'accompagne de chips et de canettes de bières ou de soda. **Faire patate :** échouer, ne pas avoir de succès, faire un flop, faire faillite. **Patate frite :** frite, pomme de terre frite. **Patates pilées :** (angl. *smashed potatoes*) pommes de terre écrasées. Purée. **Patate chip :** chips. Voir *croustilles.*

Patch : (angl.) serviette hygiénique. Terme employé par la jeune génération. En France bien que le patch se colle comme une serviette hygiénique, il est plutôt du genre anti-tabac. Voir *serviettes sanitaires.* **Patchée :** menstruée. Variante : être dans le rouge.

Patcher : (angl. *patch*) boucher un trou, rapiécer. Patcher un tire [prononcer *tayeur*] après avoir pogné un flat. (Réparer un pneu après une crevaison). « J'vas patcher le trou dans tes jeans » (je vais repriser ton jean).

Pâte à dent : dentifrice.

Pâté chinois : sorte de hachis parmentier (porc ou bœuf haché et pommes de terre) avec du maïs en grain ou des légumes.

Patente : machin, truc, bidule. S'utilise notamment quand le nom d'une chose ne vous revient pas en mémoire. Voir *gogosses*. **Patente à gosse :** objet inutile dont on ne sait pas à quoi il sert. Chose qui a un caractère brouillon. **Maudite patente à gosse ! :** s'emploie pour jurer après un objet qui ne fonctionne pas comme on le voudrait. **Patenter :** bricoler, inventer, improviser avec ce qu'on a sous la main. « Je vais te patenter de quoi pour éclairer ton placard ».

Pause : coupure publicitaire à la télévision ou à la radio. « On va à la pause », disent les animateurs québécois. Pendant les films, sur certaines chaînes, il y a environ sept minutes de pause tous les quarts d'heure. Autant vous dire que quand on ne sait plus si on regarde le vomi vert de *L'Exorciste* ou la sauce aux petits pois du Géant Vert, ça casse un peu le suspense ! À quand les coupures film dans la pub ?

Paver : asphalter.

Peau de carriole : (désuet) couverture de fourrure utilisée l'hiver dans des voitures qui nécessitaient encore de vrais chevaux pour avancer. Si vous souhaitez tester le Montréal folklorique, des calèches vous attendent dans le Vieux Montréal et vous proposeront un tour de ville à l'ancienne, peau de carriole à l'appui !

Peignure : coiffure. Et si on n'utilise pas de peigne on dit quoi ? Brossure ?

Peinturer : peindre un mur, un meuble, une voiture, etc. Si vous vous mettez à l'art pictural par contre vous ne peinturerez pas, vous peindrez. On ne mélange pas les torchons et les serviettes !

Pelures d'oignons (habillé en) : habillé avec de fines couches de vêtements superposés. La meilleure façon de se protéger du grand froid est d'adopter la technique de l'oignon qui, dès que le temps se rafraîchit, augmente ses peaux protectrices. De fines couches de vêtements tiennent plus chaud qu'un ou deux très gros pulls car elles emprisonnent plus d'air isolant. L'autre avantage est que vous pouvez retirer plus ou moins de couches selon la température des lieux que vous traversez. On devient très calés sur le sujet quand on vit dans un pays où on se gèle des mois durant ! Variante : épaisseurs.

Pense z'y comme (y) faut : penses-y sérieusement.

Pépère : gilet d'un complet trois pièces.

Peser : presser, appuyer. « Pèse sa suce » (appuie sur l'accélérateur). À Montréal pour sortir d'un bus il faut descendre sur la première marche qui actionne l'ouverture des portes. Le Français qui ne connaît pas ce mécanisme demande alors au chauffeur de lui ouvrir. « Pèse sa marche ! » qu'on lui répond. Devant l'air incrédule du Gaulois le chauffeur répète plusieurs fois puis fini par s'exclamer « Coudon, y comprend don pas l'français sula ! » (ben quoi, il ne comprend pas le français ?)

Pétard : une fille ou un garçon canon, bien roulé. Une bombe quoi ! « Un méchant pétard ! »

Péter [prononcer *peuter*] : briser, cesser de fonctionner. « Tabarouette ! Je viens de péter ma règle. » **Péter sa coche :** péter les plombs. **Se péter les bretelles :** être satisfait de soi, se vanter. **Péter une crise, une coche :** piquer une crise, faire une scène.

Piastre, piasse (une) : un dollar. **Faire la piastre :** faire de gros profits.

Pic : personne grande et mince.

Pic-bois : (angl. *woodpecker*) pivert, l'oiseau qui tape le bois.

Pichou : laideron. **Laite comme un pichou :** très laid.

Pickles : (angl.) cornichons. Généralement marinés dans du vinaigre d'alcool blanc et du sucre.

Picosser : 1 – Asticoter, seriner. 2 – Chercher la petite bête. 3 – Contrarier pour des bagatelles. 4 – Picorer, manger du bout des lèvres. 5 – Faire une activité banale et de peu d'intérêt. 6 – Donner de petits coups de bec à répétition, comme le *pic-bois.*

Pied : unité de longueur utilisée autrefois en France et encore très employée au Québec. Voir *mesures.*

Pierre, Jean, Jacques : Pierre, Paul, Jacques. Tout le monde, n'importe qui. Est-ce que Paul a lâché Pierre et Jacques ou a-t-il changé de nom en arrivant en Amérique ?

Piger : tirer au hasard. Piger un papier dans un chapeau.

Piler : marcher sur, écraser avec le pied. « Scuse-moé mais tu m'piles sul pied là », « Pile moé pâ sul gros nerf ! » (m'énerve pas !) **Piler sur son orgueil :** ravaler son orgueil.

Piment : (faux ami) poivron. **Piment fort :** piment.

Pinotte : (angl. *peanut*) arachide, cacahuète, les Québécois emploient rarement le mot cacahuète. **Pour des pinottes :** pour un salaire de misère. « Il lui a arrangé ça pour des pinottes » (il lui a réparé pour des queues de prunes). **Beurre de pinotte, d'arachide :** préparation grasse et onctueuse obtenue à partir de cacahuètes torréfiées et moulues auxquelles on ajoute de l'huile hydrogénée. Se consomme beurré sur des tartines mais sert aussi à confectionner des sauces.

Pinch : moustache, bouc, barbichette.

Piquer une fouille : tomber violemment par terre, en parlant d'une personne.

Pis : 1 – Puis, et. Le plus souvent *pis* remplace *et*, alors qu'en France *puis* signifie *ensuite*. Quand un Français commande un bœuf bourguignon puis des profiteroles, il souhaite consommer un plat après l'autre. Pour un Québécois ce n'est pas si tranché. Demander un steak pis une *poutine*, c'est avoir la possibilité d'avoir l'un et l'autre ou l'un après l'autre. 2 – Sert à ponctuer une conversation. « Pis, comment ça va ? » Quand un Québécois rencontre un ami et lui dit « Pis ? » cela sous-entend « Alors, quoi de neuf ? » **Pis ça ? :** et alors ? « Chu pas stationné drette ? Pis ça ? » (Je suis garé de travers ? Et alors ?)

Pissant : drôle à en pisser dans sa culotte. Une joke pissante.

Pisse-minute : personne qui doit aller fréquemment aux toilettes.

Pissette : pénis, ou le petit robinet !

Pissou : 1 – Nom péjoratif utilisé autrefois par les Canadiens anglophones pour désigner les Québécois. Vient de pea soup en anglais (soupe aux pois), plat que les Québécois sont réputés apprécier tout particulièrement. 2 – Peureux, lâche.

Pitcher : (angl. *to pitch*) envoyer, lancer, jeter. **Se pitcher :** se jeter. **Se pitcher sur les murs :** se taper le cul au plafond. « Y'a pas d'quoi s'pitcher ses murs » (ça n'a rien d'extraordinaire).

Piton : bouton, touche de clavier. « Pèse sul piton » (appuie sur le bouton). **Avoir le piton collé :** 1 – Être mort de rire, plié en quatre. 2 – Radoter. **Être de bonne heure sul piton :** se lever tôt. **Ne pas être sul piton :** ne pas être en forme. **Remettre sul piton :** requinquer, ragaillardir, remettre en forme.

Pitonner : 1 – Taper sur un clavier, sur des touches. « Elle a pitonné toute la journée sur son ordinateur portatif. » 2 – Zapper.

Pitonneuse : 1 – Télécommande. Variante : manette. 2 – Calculatrice. Variante : pitonneuse à calcul.

Pitou : toutou, chien, peluche.

Pitoune : 1 – Tronc d'arbre transporté par flottage sur les fleuves. 2 – Jolie fille. Parfois employé péjorativement quand la fille est très maquillée et s'habille trop sexy ou avec peu de goût. Bimbo. Variante : poupoune. 4 – Jeton de bingo.

Pitourne : bougeotte due à l'insomnie. « J'avais la pitourne cette nuit ». C'est devenu une blague : « pis tourne d'un bord, pis tourne de l'ôte, c'est ça la pitourne ! »

Place : endroit, lieu. « C'est une place où on peut danser ».

Placoter : 1 – Bavarder. 2 – Faire des commérages.

Placoteux : 1 – Bavard. 2 – Commère. Qui fait des commérages.

Planche à neige : surf des neiges.

Plaster [prononcer plasteur] : (angl.) pansement adhésif.

Plate : ennuyant, nul, sans intérêt. « Ce gars est plate ». **Farce plate :** plaisanterie stupide. **Faire des farces, jokes plates :** tenter d'amuser la galerie avec des plaisanteries douteuses. **C'est plate :** ce n'est pas de chance. « Tu t'es cassé un bras ? C'est pas mal plate ! »

Plein: riche. « Yé plein à craquer lui, il paiera pour nouzôt ».

Plogue: (angl. *plug*) prise de courant. **Faire une plogue:** faire de la pub, de la promotion, comme un artiste qui annonce les dates de son spectacle lors d'une émission.

Ploguer: (angl. *to plug*) brancher. **Se ploguer:** se mettre en évidence, vendre sa salade, se brancher.

Plomber: 1 – Être ardent, brûlant, de plomb, en parlant du soleil. 2 – Avoir la vue sur. « Ça plombait jusse sul parc ».

Plotte: (vulgaire) 1 – Organes génitaux féminins. Vagin. 2 – Fille vulgaire et sans classe, aguicheuse. **Avoir la plotte à terre:** 1 – Ne plus avoir d'énergie, être épuisé. 2 – Être déprimé, découragé, démoralisé. Variante: fale. Avoir la fale à terre. **Plotte à tire [prononcer *plottatayeur*]:** une fille (genre bimbo en bikini) qui aime les garçons qui aiment les voitures (*tire*: pneus en anglais). **Plotte à bike:** la même fille mais pour les motards (*bike*: moto en anglais).

Plus souvent qu'autrement: la plupart du temps.

Poche: (faux ami) 1 – Mauvais, médiocre, décevant. « Son dernier roman est poche, j'ai pas pu le finir. » Voir *plate.* 2 – Scrotum. « C't'un écœurant, y'arrête pas de s'gratter la poche. Maudzit gratte-poche ». Voir *gosses.* **Ça fait pas un pli sur la poche:** ça en bouge une sans remuer l'autre. Ça ne casse pas trois pattes à un canard. Il ne s'agit pas ici de repassage! **Chien de poche:** personne qui ne cesse d'en suivre une autre. Fait référence aux chiens qui se suivent pour se renifler le derrière. **Pocher un examen:** rater un examen. **Poil de poche:** poil de testicule. **Un fou dans une poche:** un imbécile. « Prends-moé pas pour un fou dan'une poche! » (ne me prends pas pour un imbécile).

Poêle: cuisinière, gazinière.

Pogné: pris. **Pogné dans une combine:** pris dans une affaire louche.

Pogner: 1 – Attraper un virus. « J'ai pogné la grippe. » 2 – Avoir du succès, séduire. Faire fureur, être populaire. « C'te fille là pogne avec les hommes », « Cette toune n'a pas pogné » (cette chanson n'a pas marché). « Pis, ça pogne? » (alors, ça marche la drague?) 3 – Saisir, prendre, attraper, empoigner. « On relaxait sul bord de la piscine pis net-frette-sec, y m'pogne une boule! J'y ai sacré ma main dan' a face » (On se détendait sur le bord de la piscine et brusquement il m'empoigne un sein! Je lui ai foutu ma main dans la figure). 4 – Attraper, piéger. « Je finirai bien par le pogner. » 5 – Tomber sur. « Chu-tu badloqué! Je pogne toujours la file d'attente la plus longue » (Je suis vraiment malchanceux! Je tombe toujours sur la file d'attente la plus longue). **Pogner l'boutte:** saisir l'extrémité. **Pogner les nerfs:** s'énerver. Faire une crise de nerf. **Se pogner:** 1 – Se quereller, et en venir éventuellement aux mains. 2 – Obtenir, trouver. « Il s'est pogné une job payante. » **Se faire pogner:** se faire prendre, avoir, attraper. **Se pogner le cul, le beigne:** ne rien faire, s'ennuyer. Perdre son temps, paresser, glander.

Pogo: sorte de saucisse piquée sur un bâton, comme une sucette. En France, le « pogo » c'est la danse des punks, qu'il vaut mieux éviter de traiter de saucisses.

Poignée: manique. Gant piqué en carré, utilisé pour sortir les plats du four sans se brûler.

Poil (s'énerver ou s'exciter le poil des jambes): s'impatienter.

Pointe: part de pizza, de tarte.

Poli à ongle: vernis à ongles.

Police (une): un policier, homme ou femme.

Pommes de route: crottin de cheval.

Popoter: faire la cuisine, préparer un repas, un plat.

Pop sicle [prononcer *pop sikôl*]: (angl.) une glace en bâtonnet, en sucette. Un « esquimau » hé, c'est le pays!

Poque: 1 – Marque, trace de choc, de coup, bosse, etc. « Y a une poque sur mon char. » 2 – (angl. *puck*) Le palet de hockey. Variante: la rondelle. **Poqué:** cabossé. Plein de bleus, courbaturé, fourbu. Se dit aussi de quelqu'un au lever. **Poquer:** abîmer en heurtant. Poquer un meuble, un char.

Portance : prestance, tenue.

Porte-panier : mouchard, rapporteur.

Porter : apporter, amener. « Je vais porter les enfants à la garderie. »

Portique : vestibule, entrée, sas. Très utile pour se débarrasser de son manteau enneigé, de ses bottes boueuses et pour empêcher l'hiver canadien de pénétrer dans les pièces suivantes avec de grands courants d'air glacés.

Poste de tivi [peut se prononcer *tévé*] : (faux ami) une chaîne de télé. « On pogne que quat' postes par icitte » (on ne reçoit que quatre chaînes par ici).

Pot [prononcer *potte*] : (angl.) marijuana.

Pouce : bien que le système métrique soit imposé par le gouvernement, le pouce (2,54 cm), unité du système impérial britannique, reste encore très utilisé. Voir *mesures.* **Avoir la main pleine de pouce :** être maladroit. **Faire du pouce :** faire du stop. **Sur le pouce :** en auto-stop. « J'ai fait Montréal/New York sur le pouce ». **Pouceux :** auto-stoppeur. « J'ai embarqué un pouceux sur la 40 » (j'ai pris un auto-stoppeur sur l'autoroute 40).

Pouch pouch : (angl. *push*) aérosol. Voir *spré.*

Poucheur : (angl. *pusher*) revendeur de drogue. Il n'y a qu'en France qu'on dit dealer.

Poucheup : (angl. *push-up*) abdominaux, en parlant des exercices de musculation.

Poudrerie : neige fine et légère balayée par le vent.

Pourriel : spam. Courrier électronique indésirable. Mélange de pourri et *courriel.*

Pousse-mine : critérium. Variante : crayon à mines.

Poutine : 1 – plat typique du Québec. Frites et *fromage en crottes,* napés de sauce brune – sauce barbecue – qui fait fondre le fromage et ramollir les frites pour former une sorte de pâtée rudimentaire pas follement gastronomique. Ceci dit, c'est un plat qui s'embourgeoise car aujourd'hui, hérésie, il est possible de manger des poutines au foie gras ! 2 – mélange. « Quelle poutine t'es t'en train d'faire ? » Se dit quand toutes sortes de choses sont mélangées ensemble, que ce soit un amas hétéroclite d'objets, des ingrédients, des documents, etc. Se dit aussi quand quelqu'un ne comprend pas et mélange tout. Quant à chercher un rapport avec le président russe, libre à vous !

PQ : le Parti Québécois. Ses membres s'appellent les péquistes. Si les Québécois savaient qu'en France le PQ sert à s'essuyer les fesses !

Pratiquer : (angl. *to practice*) (faux ami) répéter, s'entraîner, s'exercer. « Je pratique mon anglais à l'université McGill. » « Il se pratique pour le marathon de Montréal. » En France on pratique un sport mais on ne se pratique pas soi-même.

Prélart : linoléum. **Mettre la musique dans le prélart :** mettre la musique très fort.

Premières nations (les) : tribus amérindiennes. Nations autochtones reconnues par le gouvernement québécois sur son territoire : les Mohawks, les Innus, les Cris, les Algonquins, les Atikamekw, les Micmacs, les Hurons-Wendat, les Abénaquis, les Malécites, et les Naskapis. Les Amérindiens vivent dans des réserves et sont sous tutelle dès qu'ils en sortent. Les Inuit font partie des premières nations mais leur statut est à part.

Prendre une brosse : se saouler, s'enivrer.

Présentement : maintenant, actuellement, en ce moment. « Il est musicien et il enregistre présentement son premier démo ». À noter qu'au Québec, « démo » est masculin.

Presse : urgence, hâte. « Prends ton temps, y a pas d'presse ! »

Prêt : mûr, en parlant d'un fruit ou d'un légume. « Les tomates sont prêtes, je vais les cueillir ».

Pure-laine : Québécois de souche, dont les ancêtres ont immigré depuis au moins un siècle. Voir *néo-Québécois*.

Viens t'asseoir, faut qu'on cause.
Je ne suis pas du genre
à me laisser arnaquer
alors tu ferais mieux de me rendre
ma chemise à carreaux, mec.

QR

411 [prononcer *quatre un un*] : les pages jaunes canadiennes.

450 [prononcer *quatre cinq zéro*] : façon moqueuse ou péjorative de désigner la banlieue montréalaise par leur indicatif téléphonique, le 450, et ses habitants, les 450. Il s'agit généralement de quartiers résidentiels. À noter que les quartiers périphériques des villes ne connaissent pas les phénomènes de violence qui existent dans certaines villes françaises, notamment à Paris.

4 x 4 [prononcer *quat'par quat'*] : véhicule quatre-quatre.

Quatre roues [prononcer *quatrou*] : quad. Moto tout terrain à quatre roues.

Québec : (Algonquien *kebek*) le nom amérindien désigne un détroit ou un passage qui se rétrécit. On distingue le nom de la Province de celui de sa capitale par l'article : « je vis *au* Québec » (la Province) ou « je vis *à* Québec » (la ville). Les Québécois ne précisent pas « ville de Québec ».

Q-Tips [prononcer kiou tipss] : (angl.) coton-tiges. Marque la plus répandue devenue nom commun. Variante : cure-oreille.

Queneuilles : yeux. Se dit surtout aux enfants. « Ferme tes queneuilles pis dors ».

Quessé : qu'est-ce que c'est. **Quessé ça :** qu'est-ce que c'est que ça.

Quétaine, kétaine : ringard, vieux jeu, kitsch, ridicule, beauf.

Quétainerie : chose de mauvais goût, vieillerie.

Quêter : mendier. **Quêteux :** mendiant. Le quêteux est un des grands personnages du folklore québécois. Aujourd'hui le terme est péjoratif mais autrefois le quêteux était un travailleur (ouvrier, tacheron, journalier) qui allait de ferme en ferme louer ses services et colporter les nouvelles. On le fêtait et à l'église il avait son banc.

Queue de castor : pâtisserie typique du Québec. Sorte de grande tartine oblongue dont la pâte, qui ressemble à celle d'un beignet, est frite dans l'huile. Sa forme évoque, comme son nom l'indique, la queue du castor, animal lui aussi typique du Québec. La queue de castor se déguste chaude, saupoudrée de sucre et/ou de cannelle, arrosée de citron, beurrée de Nutella ou de caramel, selon les goûts. Queue c'est bon ces régals pour *becs sucrés*!

Rabais (à) : en solde.

Rabiole : chou-rave, navet blanc.

Raboudiner : rafistoler mal et sans soin, rapiécer.

Racinette : (angl. *root beer*) soda autrefois à base de racines. Aujourd'hui les ingrédients sont chimiques et ont un curieux goût, entre le médicament et le désinfectant pour toilettes. Enfin c'est l'avis de bon nombre de papilles françaises, peut-être par manque d'habitude, par persiflage… ou parce que c'est vrai !

Racoquiller, racotiller, racoutiller (se) : se recroqueviller.

Rafaler : souffler avec des rafales.

Ragoton : 1 – Rogaton. Les syllabes se sont mélangées pendant le trajet entre l'Ancien et le Nouveau Monde ! 2 – Personne infirme, chétive. 3 – Arbre trop petit.

Raide : très, beaucoup. « Elle est raide maigre ».

Ramasse : cueillette, récolte.

Rang : 1 – Partie du territoire d'une municipalité rurale établie par le cadastre et composée de lopins de terre voisins les uns des autres et aboutissant à une même ligne où se trouve le chemin de front. C'est l'ensemble formé par une route, un chemin, une rue, et les terrains des maisons ou des exploitations agricoles alignées sur cette route. Ces terrains sont étroits et longs, typiques de la campagne du Québec. La maison est le plus près possible de la route, à cause de la neige en hiver. L'étroitesse des parcelles permet d'avoir les maisons proches les unes des autres, tout en ayant une bonne surface. **Un rang double:** quand il y a des maisons des deux côtés. 2 – Chemin donnant accès aux terres d'un rang cadastral. **École de rang:** école de campagne.

Rapailler: ramasser, réunir des objets éparpillés. « Rapaille tes livres ».

Raplomber: remettre d'aplomb. Raplomber une table branlante (caler une table bancale). **Se raplomber:** 1 – Retrouver son équilibre. 2 – Se sortir de problèmes financiers.

Raqué (être): (angl. *to be racked*) pas en forme physiquement. Avoir des douleurs physiques, être courbatu après avoir fait de l'exercice.

Raquette: s'il s'agit bien de l'instrument que le Québécois utilise pour jouer au tennis, ce mot désigne d'abord l'accessoire qui permet de marcher dans la neige.

Rat (avoir un rat mort dans le cul): lâcher une flatulence puante. Le moins qu'on puisse dire c'est que cette expression ne tourne pas autour du pot (de chambre), ça dit bien ce que ça veut dire, avec une efficacité un rien directe!

Ratoureux: rusé, espiègle, joueur de tours.

Ravage: piste, chemin battu par les animaux. Un ravage de chevreuils.

Recopié (c'est toi tout): c'est toi tout craché.

Reculons (le): la marche arrière. Mettre son char sur le reculons. Voir *renverse.*

Reduit: sève d'érable, épaissie par évaporation, mais plus liquide que le sirop d'érable.

Regardable (pas): pas beau à voir.

Régulier: (faux ami) ordinaire. Ainsi un élève régulier n'est pas un élève méritant qui affiche des résultats constants mais un élève moyen, quelconque, qui ne fait pas d'étincelle. Un café régulier, en opposition au capuccino, au café-crème, au café à la vanille française, à la cannelle, etc.

Rejoindre: contacter. « Pour nous rejoindre, téléphonez-nous ».

Relâche scolaire: vacances scolaires.

Relish: (angl. *relish*) condiment, pickles. Purée de cornichons marinés dans le vinaigre qu'on met dans les *rôteux* (avec la moutarde ou du ketchup).

Reluqueux: 1 – Curieux qui épie. 2 – Qui trouve à redire.

Remarqueux: qui aime faire des remarques sur tout.

Rempailler (se): (faux ami) remballer, réunir ses affaires.

Renforcir: renforcer. « L'orange vient renforcir le bleu, c'est sa couleur complémentaire ».

Rentrer dans: entrer dans une équipe, une organisation. « Mon gars est rentré dans l'équipe de Hockey de son cégep. » Le cégep est l'acronyme de Collège d'Enseignement Général Et Professionnel où est dispensée une formation technique et pré-universitaire. La fin du cégep est couronnée par un DEC (Diplôme d'Études Collégiales correspondant au baccalauréat français.)

Renverse: (angl. *reverse*) marche arrière d'un véhicule. Voir *reculons.*

Respir: souffle, soupir, bouffée d'air. Prendre un grand respir.

Ressorer: essorer.

Restants: restes, reliefs. Les restants de table. **C'est le restant des écus:** c'est un comble.

Rester: habiter, résider. « Je reste sur Saint Denis » (j'habite rue Saint Denis). « Elle reste à Trois-Rivières », « il reste avec sa blonde » (il habite avec sa copine), « je reste plus chez mes parents ».

Retardé: attardé, handicapé mental.

Retontir: 1 – Revenir de manière inopinée. « Ça retontit toujours quand on s'y attend pas. » 2 – Rebondir. 3 – Retentir.

Retourner un appel: rappeler quelqu'un au téléphone. **Appel à frais virés:** PCV.

Réveille!: atterrit! Réveille-toi! Arrête de rêver! Bouge! Regarde la réalité en face! « Enwoèye, réveille, on va être en r'tard ».

Robeur : (angl. *rubber*) 1 – Pneu. 2 – Bottes en caoutchouc. 3 – Préservatif masculin.

Revoler [prononcer *r'voler*] : projeter, éclabousser, gicler. Rebondir.

Revirer [prononcer *r'virer*] : 1 – Chavirer, retourner, retrousser. « R'vire ta camisole » (enlève ton débardeur), « j'ai r'viré mon verre » (j'ai renversé mon verre). 2 – Faire changer d'opinion. 2 – Changer d'orientation sexuelle. **Revirer de bord :** se retourner, faire demi-tour.

Robine : alcool de mauvaise qualité. **Robineux :** clochard, poivrot.

Roche : caillou, pierre. Jeter des roches.

Roffe : (angl. *rough*) 1 – Brutal, grossier. 2 – Pénible, difficile. « Avec la concurrence de la Chine le marché de l'habillement c'est ben rough à c't'heure. » 3 – Pas fragile, pas délicat. Voir *toffe*.

Rôtie : tranche de pain grillée. Toast se dit aussi, mais moins.

Rôteux : hot-dog. En France une « roteuse » c'est du champagne ou une bière qui ma foi, s'accommode pas mal d'un rôteux.

Routine : enchaînement d'exercices physiques répétés régulièrement dans le cadre d'un entraînement sportif.

Rouvrir : ouvrir.

Ruban adhésif : sparadrap. Voir *tape*.

Running : (angl. *running shoes*) chaussures de sport.

Ruine-babines : harmonica. Variante : musique à bouche.

Qu'est-ce que c'est que ce prétentieux qui se pavane devant les femelles. Je vais lui foutre une bonne raclée !

S

Sa : contraction de « sur la ». « É où ma tuque ? — É sa chaise » (Il est où mon bonnet ? Il est sur la chaise).

Sabler : poncer. Voir *papier sablé.*

Sableuse : ponceuse.

Sacoche : sac à main.

Sacrant (au plus) : (religieux *sacre*) au plus vite, au plus tôt. « Fais-moé ton rapport au plus sacrant ».

Sacrament ! : (religieux *sacrement*) juron, blasphème. « Sacrament ! y vas-tu continuer longtemps son barda ? » (Bon dieu, il va durer longtemps son boucan ?)

Sacre : juron religieux. Blasphème. Que serait la langue québécoise sans les sacres ! Depuis les premières colonies jusqu'aux années 1960, 1970, période de la Révolution tranquille (voir préface), la religion catholique a eu une place, un poids et un contrôle capital sur la société québécoise. En signe de résistance probablement, ou d'exutoire, les Québécois ont tiré du vocabulaire liturgique la majorité de leurs jurons les plus orduriers. Ainsi calice, ciboire, hostie, sacrement, tabernacle, etc., sont des mots que le Québécois a détournés et dont il use et abuse pour exprimer sa rage la plus noire, son mécontentement, insulter vertement, ou tout simplement pour extérioriser son émotion, tant positive que négative. L'Église a essayé de se réapproprier ces termes en leur redonnant leurs lettres de noblesses. Dans le métro, sur les autobus ou les panneaux publicitaires de Montréal, elle les a affichés avec leur véritable définition. Tabarnak s'est donc réécrit tabernacle, rappelant aux passants son sens originel de « petite armoire fermant à clé, qui occupe le milieu de l'autel et contient le ciboire »; le ciboire « un vase sacré en forme de coupe où l'on conserve les hosties consacrées pour la communion ». Et l'hostie s'est réaffichée comme étant une « petite rondelle de pain azyme que le prêtre consacre pendant la messe ».

Cette campagne éducative et audacieuse redonnera-t-elle au grossier son sens sacré? Hum, ce n'est pas gagné! Le sacre reste servi à toutes les sauces, de la plus douce amère à la plus piquante, la nuance étant donnée par le contexte, le ton, le nombre de sacres enchaînés et le volume sonore. Le sacre sert d'interjection: « Tabarnak, j'ai oublié de passer chez le dépanneur » (Merde, zut, flûte, j'ai oublié de passer chez l'épicier). De qualificatif: « Crisse que j't'aime » ou « J't'aime en crisse » (Putain, bon sang c'que j't'aime). De substantif: « Toé mon p'tit maudit! » Il peut être conjugué: « ma t'en câlisser une » (Je vais t'en foutre une) et s'utilise même parfois en adverbe: « C'est crissement fendant comme vue » (C'est un film vraiment tordant). Il permet de dévaloriser une chose ou une personne: « Tiens, prend lé ton esti d'bâton » (tiens, je te la rends ta saloperie de crosse de hockey). Il exprime la colère verbalement: « Je suis en maudit, en crisse, en simonac, etc. » (Je suis fâché), ou en action: « je sacre, crisse mon camp » ou « je décrisse, décâlisse » (Je fous le camp). À noter que le préfixe « dé » remplace « mon camp ».

Le sacre sert d'amplificateur. Un « hostie de colon » est plus niais qu'un simple colon. « Une crisse de grosse bibitte » est une bestiole plus grosse qu'une grosse bibitte alors je vous laisse imaginer ce qu'est « une crisse d'hostie d'grosse bibitte. » Le sacre marque une intensification de l'émotion, majoritairement la colère ou la stupéfaction mais aussi la peur, la reconnaissance, l'envie. Qu'on vous dise « Tu m'énarves » (Tu m'énerves) c'est toujours mieux que « Stie qu'tu m'énarves. » Enfin si on vous traite de « crisse de tabarnak de câlisse de maudzit français » sachez que vous n'avez aucun avenir dans l'amitié franco-québécoise.

Quand le juron devient blasphème.

Sacrer c'est jurer mais pas forcément blasphémer. Certains sacres sont de simples jurons (calvaire, ciboire, mausus) d'autres de véritables blasphèmes. Blasphémer c'est notamment placer « maudit » avant un sacre (maudit crisse, câlisse, sacrament, etc.) L'enfilement complexe des sacres les uns à la suite des autres est pratiqué par les Québécois comme d'autres enfilent des perles. « Hostie de câlice de saint-sacrament! »; « Câlice de crisse de tabarnak ». « Ma su faite piquer mon bike astie. Les affaires de même ça m'fait capoter ben raide. Si j'pogne le crisse de cave qu'à faite ça ma lu arracher les gosses, câââlisse! » (Je me suis fait piquer mon vélo putain. C'est le genre de truc qui me prend la tête. Si je chope le gros connard qui a fait ça je lui arrache les couilles bordel!)

Les Québécois moins grossiers - ou plus hypocrites! - utilisent de doux euphémismes: « tabarnak » devient « tarbarnouche » ou « tabarouette »; « câlisse » se transforme en « câline » ou « câlik »; « maudit » en « maudzeusse », etc. Le sacre se personnalise selon la créativité de chacun.

Attention, sacrer est un art! Il faut bien connaître les Québécois et leur culture, savoir utiliser les bons termes au bon moment, les placer correctement dans la phrase et y mettre l'intonation juste et l'accent suffisant, sous peine de paraître parfaitement ridicule. Il est donc fortement déconseillé aux Français de passage de s'y essayer, d'autant que certains sacres sont très chargés émotionnellement et peuvent provoquer de violentes réactions chez ceux qui les reçoivent. Le jour où, tout naturellement sans y penser, un immigrant se met à sacrer, les Québécois disent que c'est un signe d'intégration car cet art ne s'apprend pas dans les livres, cela signifie donc que l'immigrant connaît intimement les Québécois, qu'il vit vraiment avec eux. Bien que le Québécois dise que l'accent de l'immigrant ne sera jamais tout à fait bon lorsqu'il sacre, il semblerait que cette appropriation de cette partie de sa langue le touche.

Sacrer: jurer, blasphémer. **S'en sacrer:** s'en foutre. « J'm'en sacre en astie » (Je m'en fous complètement). **Sacrer dehors:** foutre à la porte, jeter dehors. **Sacrer son camp:** foutre le camp. **Sacrer une claque sur la yeule:** balancer une main dans la tronche.

Sacrifice!: mot religieux utilisé comme exclamation.

Safe [prononcer *saïfe*]: (angl.) 1 – Coffre fort. Chambre forte. 2 – Serrure, verrou. 3 – Qui est en sécurité, à l'abri, qui n'a rien à craindre, ne risque rien. 4 – Qui inspire ou est digne de confiance. 5 – Qui est sûr, qui ne présente aucun danger, aucun risque. « T'es-tu safe? » (Prends-tu tes précautions sexuelles?). **Jouer safe:** 1 – Jouer serré, dans une compétition sportive, une négociation, etc. 2 – Agir avec prudence, circonspection, ne pas prendre de risques inutiles.

Salle de bain, chambre de bain: toilettes ou salle de bain. Désigne aussi bien une salle de bain privée que des WC publics. « J'ai oublié mes mitaines dans la salle de bain du théâtre » (j'ai oublié mes moufles dans les toilettes du théâtre). Voir *toilette.*

Salle de montre: (angl. *showroom*) salle d'exposition, de démonstration. Ce n'est ni une bijouterie ni une horlogerie, bien qu'elles puissent avoir une salle de montre et y présenter des montres! « Le nouveau concessionnaire automobile a une belle salle de montre ».

Sandwich à la crème glacée: large couche de crème glacée enfermée entre deux biscuits. Sorte de BN très épais dont le fourrage est remplacé par de la glace.

Sans-dessein: 1 – Qui fait preuve d'un manque d'intelligence, de savoir-faire, de débrouillardise. Un peu fou. « Ça donne quoi de me traiter de sans-dessein, tu serais mieux de m'apprendre! » (au lieu de me traiter de pas dégourdi tu ferais mieux de m'apprendre!) 2 – Chose insignifiante, saugrenue.

SAQ: Société des Alcools du Québec. Société d'État qui a pour mandat de faire le commerce des boissons alcoolisées. Depuis quelques années la SAQ n'a plus le monopole de la vente du vin et vous pouvez maintenant en trouver dans les supermarchés et chez les *dépanneurs.* Le vin est très cher au Québec, particulièrement le vin français et les vins californiens. Les vins chiliens et argentins sont meilleur marché, ce qui reste encore beaucoup plus cher qu'en France. La Colombie Britannique et l'Ontario produisent de bons vins qui s'exportent à l'étranger et partout au Canada, sauf au Québec, lutte entre le Canada et le Québec oblige. Heureusement côté québécois on peut se rabattre sur le fameux « vin de glace » fait à partir de raisins qui ont gelé sur pied au début de l'hiver. C'est un excellent vin liquoreux. Le cidre de glace, fait avec des pommes qui ont gelé, est également délicieux et beaucoup plus abordable.

Sarrau : blouse de travail à manches longues, descendant généralement jusqu'aux genoux, portée par-dessus les vêtements, notamment par les professions médicales ou dans les métiers de l'alimentaire. Le mot est tombé en désuétude en France alors qu'il est encore très employé au Québec.

Saucer (se) : se mettre à l'eau avec lenteur, progressivement. « Quand a s'baigne ça y prend une heure pour se saucer ». **Saucette :** petite baignade.

Sauna : en parlant de l'établissement, le mot a le même sens au Québec qu'en France, à ceci près que la plupart des saunas montréalais proposent d'accorts jeunes hommes disposés à vous faire toutes sortes de gâteries dans les vapeurs troubles et les chambrettes avec ou sans miroir, selon le prix payé. Ces établissements s'adressent généralement aux hommes homosexuels. Si vous souhaitez prendre des bains de vapeur en tout bien tout honneur, voire en famille, allez plutôt au *spa*!

Sauté : fou, qui a perdu la tête.

Sauter la clôture : tromper son époux ou son épouse.

Sauver : (angl. *to save*) économiser. « Pour sauver du temps et de l'argent, faites faire votre déclaration de revenus par un professionnel ».

Savonnier : porte-savon.

Schnoute : merde. « Mange da schnoute, c'est pas d'tes affaires ! » (je t'emmerde, ça ne te regarde pas !) Voir *marde*.

Scottowel : sopalin, essuie-tout. Comme en France, la marque est devenue un nom commun.

Scrammer : (angl. *to scram*) filer, ficher le camp. « Enweille, scramme ! » (allez dégage, fiche le camp !)

Scratch (une) : (angl.) égratignure, rayure. Une scratch sur la peau, sur un disque, un meuble, une vitre, etc. **Scratcher :** 1 – égratigner, rayer. 2 – Annuler. **Se scratcher :** s'égratigner, se blesser légèrement.

Scraper : (angl. *to scrap*) 1 – Détruire, démolir. Scraper son char (détruire sa voiture dans un accident). **De la scrape :** (angl. *scrap*) de la camelote, des vieilleries, de la ferraille. **La cour à scrap :** la casse automobile. 2 – [Prononcer *scrèpé*] : gratter le pare-brise pour en retirer le givre. **Un scrapeur :** grattoir à pare-brise.

Scrine : (anglais *fly screen*) moustiquaire. « Ferme le scrine les bébittes vont entrer. — Ben avec c'qu'y a déjà en d'dans, ouve lé plutôt qu'a sortent ! » (Ferme la moustiquaire, les bestioles vont entrer. — Ben avec ce qu'il y a déjà à l'intérieur, laisse plutôt ouvert qu'elles sortent !)

S'cuze, s'cusez : excuse (z)-moi, pardon.

Sécheuse : sèche-linge. Voir *laveuse.*

Secondaire (école) : après l'école primaire. Correspond au collège en France mais avec une année de plus (dure cinq ans). **Le secondaire :** période passée à l'école secondaire.

Séchoir : sèche-cheveux.

Seconde main (de) : (angl. *second hand*) usagé.

Sécure : (angl. *secure*) sûr, fiable. **Sécuritaire :** qu'il s'agisse de sécurité publique ou privée, les Québécois ne marquent pas la nuance. En France la ceinture de sécurité est sécuritaire et l'Élysée est sécurisé. Au Québec tout est sécuritaire, le mot sécurisé n'est pas employé. « Vivez dans une maison sécuritaire avec les alarmes anti-vol » (vivez dans une maison sécurisée avec les alarmes anti-vol).

Semi-détaché : mitoyen d'un seul côté pour une maison.

Senteux : trop curieux, qui se mêle de ce qui ne le regarde pas, fouineur. « Le chum de ma sœur est ben senteux faque astheur j'lui raconte pu rien » (le mec de ma sœur est trop curieux alors maintenant je ne lui raconte plus rien). **Senteux, senteux de pet :** personne qui fouine, qui se mêle de ce qui ne la regarde pas.

Sentir : fouiner. Voir *écornifler.*

Sentir le swing : sentir la sueur, la transpiration. Puer. Être en panne de déodorant quoi !

Séraphin : homme radin, avare, trop économe. **Faire son séraphin :** agir en avare, être mesquin. Créé par C-H Grignon, Séraphin Poudrier est un personnage de roman d'une avarice sordide. Adapté à la radio, à la télévision, au théâtre, l'œuvre a connu un tel succès que le personnage est entré dans le langage populaire.

Serrer : ranger. « Serre tes bébelles ! » (Range tes jouets !) « J'ai serré mon bécique pour l'hiver » (j'ai entreposé mon vélo pour l'hiver).

Serviette sanitaire : serviette hygiénique.

Set carré : (angl. *square danse*) danse folklorique où quatre couples se mettent en carré et exécutent des figures guidés par les instructions d'un des musiciens. Ressemble au quadrille. De la vraie danse de cow-boy ! Voir *danse en ligne.*

Shampoo : (angl.) shampooing.

Shape (être en) [prononcer *chaïpe*] : (angl.) être en forme. **Avoir une belle shape :** être bien foutu, bien gaulé, avoir une belle plastique. « Une maudite de belle shape » (un corps d'enfer).

Shif', chif' : (angl. *shift*) quart de temps de travail.

Shiner ses souliers [prononcer *chaïner*] : (angl. *to shine*) les nettoyer, les frotter pour les faire briller.

Si : (faux ami) comme, que. « Si c'est beau ! » (comme c'est beau !) « Mais si ta chemise est sale ! » (mais que ta chemise est sale !) Pour dire le « si » en français de France, les Québécois disent *oui.*

Siau : seau. Voir *mouiller à siaux.*

Siffleux : marmotte. **Le jour de la marmotte :** le 2 février. Selon la tradition, la marmotte se réveille ce jour-là et sort de son terrier. Si un beau soleil projette son ombre sur le sol, elle est effrayée et se réfugie de nouveau dans son trou, se rendormant pour six semaines ce qui prolonge l'hiver d'autant. Si au contraire elle ne voit pas son ombre parce que le temps est couvert, elle reste éveillée car son instinct l'avertit que le printemps va être doux et précoce, donc que l'hiver se termine. Ainsi tous les 2 février, les météos nord-américaines diffusent des images de leurs marmottes respectives, pour que chacun constate si l'animal voit son ombre ou pas. Dans un pays où l'hiver est si long qu'on en oublie ce à quoi ressemble le printemps, on s'accroche à tous les espoirs pour croire qu'il reviendra. Ceci dit, même si la marmotte n'a pas vu son ombre, il faut être méchamment optimiste pour croire que six semaines plus tard l'hiver cèdera la place.

Si j'aurais: les scies n'aiment pas les raies. Il n'y a pas que P'tit Gibus que ça indiffère. C'est une tournure que nombre de Québécois utilisent à l'oral.

S'il vous plaît: que vous vous adressiez à votre meilleur ami ou à un total étranger, *s'il vous plaît* est toujours invariable. Paradoxe de la langue québécoise qui tutoie sans vergogne et utilise peu le vouvoiement, dire *s'il te plaît* est grossier. « Sers-toi s'il vous plaît ».

Simple: simplet, idiot, niaiseux. **Faire simple:** agir en idiot, de manière inopportune. « Pourquoi tu fais simple comme ça? ». Si vous invitez un Québécois à manger à la bonne franquette en lui disant que vous allez faire simple, il ne se moquera sans doute pas de vous ouvertement mais risque de sourire sous cape!

Simonac!: juron ou exclamation.

Sink, sing: (angl.) évier. Mot de moins en moins utilisé au profit du mot français. Blague québécoise: « c't'un gars qui dansait su'a table da cuisine. Y dérape pis revole sul fridge pis y break dans l'sink. C'est d'même qu'est née la danse "le Break Dancing" » (c'est un mec qui dansait sur la table de la cuisine. Il dérape et est projeté contre le réfrigérateur puis il s'écrase dans l'évier. C'est ainsi qu'est né « le Break Dancing »). Jeu de mot avec « break dans le sink » qui peut se traduire littéralement par « cassé dans l'évier ». **Avoir soif comme un trou à sink, sing:** avoir très soif. **Le sink de la chambre de bain:** le lavabo de la salle de bain.

Sirop d'érable: sirop produit à partir de la sève ou de l'eau d'érable du début du printemps, que l'on porte à ébullition pour la faire épaissir, selon une technique qui était déjà utilisée par les autochtones lors de l'arrivée des Européens au Canada. De nombreuses légendes amérindiennes ont pour sujet le sirop d'érable. Produit dans le nord-est de l'Amérique du Nord (Ontario, Québec et Vermont principalement), il se vend aujourd'hui dans le monde entier. Voir *cabane à sucre.* **Sirop de poteau:** succédané, pâle imitation du sirop d'érable, nettement moins chère mais sans aucun rapport question goût. Aussi vrai qu'un poteau en bois est un faux arbre, ce sirop sucré fait à base de maïs est un imposteur. Le vrai sirop d'érable ne doit être composé que de sirop d'érable, le meilleur se présentant en boîte de conserve. Méfiez-vous des imitations!

Six-pack [prononcer *sissepack*] : (angl.) pack de six (bières). Se dit aussi d'un abdomen musclé (en France on est plutôt « plaquette de chocolat »). Une expression qui reflète sans-doute les fantasmes des grands buveurs de bière, quand on voit le résultat d'une consommation excessive, c'est loin de ressembler aux abdos de Brad Pitt!

Skidoo, ski-doo: motoneige. Marque devenue un nom commun. **Soute de skidoo:** (angl. *suit*) combinaison protectrice que l'on met pour faire de la motoneige.

Slaque: (angl. *slack*) ample, lâche, mal ajusté, relâché, détendu, mou. Voir *lousse.* **Slaque la poulie:** calme-toi. « Wow, slaque la poulie, tu vas l'avoir ta sloche! » (hey, du calme, tu vas l'avoir ta glace pilée!) « Slaque la poulie, relaxe! » (calme-toi, sois cool).

Slaquer: (angl. *slack*) relâcher, calmer, apaiser. Donner du lest, être moins rigide. « Y'a toujours un gros rush sur l'heure du midi pis après ça slaque » (il y a toujours un coup de bourre à midi mais après ça se calme).

Slaquer: (angl. *to sack*) mettre à la porte, licencier.

Sleep, sleeping: (angl. *sleeping bag*) sac de couchage.

Slip de paie: bulletin de salaire.

Sloche: (angl. *slush*) 1 – Neige boueuse, sale et fondante. Le mot et sa prononciation presque « vomitive » donnent une assez bonne idée de cette neige généralement collante qui vous beurre les bottes et le bas du pantalon. 2 – Glace pilée aromatisée de sirop. Pour déguster une sloche il faut aller dans un *bar laitier*.

Slotte (une): (angl. *slot*) fente. **Slotte machine:** machine à sous.

Smatte: (angl. *smart*) 1 – Aimable, serviable, prévenant. 2 – Qui a de l'adresse, de l'habileté pour le travail manuel, qui est alerte. 3 – Qui est intelligent, qui a du jugement. Habile pour se tirer d'embarras ou obtenir quelque chose, notamment en affaires. 4 – Personne intelligente ou qui se croit intelligente, subtile ou drôle et s'amuse aux dépens des autres. **Faire son smatte:** 1 – Être gentil. 2 – Faire son intéressant, crâner, par besoin de prouver quelque chose. Si vous êtes smatte autant ne pas le savoir sinon c'est de la frime!

Smoke: cigarette.

Smoked meat: (angl.) bœuf fumé consommé plutôt froid et en sandwich en superposant de fines tranches les unes aux autres allant parfois jusqu'à atteindre une épaisseur de plusieurs centimètres. S'accompagne de *moutarde douce* et de *pickles*. Très populaire en Amérique du Nord. Spécialité d'origine juive servie dans les delikatessen, traiteurs juifs. Le plus fameux smoked meat de Montréal s'appelle Schwartz's, au 3895 boulevard St Laurent.

Snicks: baskets, chaussures de sport.

Snack: 1 – Repas léger, collation rapide prise en dehors des repas. 2 – Repas copieux et succulent, gueuleton, plat délicieux. Selon l'heure, tout et son contraire! En dehors des repas c'est du frugal, du grignotage. Par contre à l'heure des repas, c'est bombance! **Faire un snack:** faire ripaille. **Prendre, piquer un snack:** prendre un repas léger. **Se payer un snack:** s'offrir une partie de plaisir.

Snacker: prendre une collation rapide ou faire un bon repas.

Social (faire du), socialiser: (faux ami) être sociable, se faire des amis. Contrairement à la France, « faire du social » ce n'est pas s'occuper de personnes dans le besoin.

Sofa: canapé. Le mot canapé au Québec désigne surtout les amuse-gueules. **Sofa-lit:** canapé-lit.

Songé: réfléchi. « C'est pas fou son affaire, c'est songé c'qu'y dit. »

Sou, sou noir, cenne, cenne noire: pièce d'un cent (centième d'un dollar). Noire, parce que cette pièce en alliage cuivreux a tendance à noircir comme les centimes d'euros. **Trente sous:** (vieilli) pièce de vingt-cinq cents. « Prête-moi un trente sous, j'ai un téléphone à faire. » (Prête-moi vingt-cinq cents j'ai un coup de fil à passer). **Avoir les yeux grands comme des trente sous:** avoir les yeux grands ouverts d'admiration, d'étonnement, de peur. **De trente sous:** quelqu'un de peu de valeur, dont les services ne valent pas grand-chose. **C'est avec des sous qu'on fait des piastres:** (proverbe) c'est en économisant petit à petit qu'on arrive à amasser une grosse somme. **Changer quatre trente sous pour une piastre**: c'est du pareil au même (car 4 X 0,25 cent = 1 dollar). **Ne pas valoir trente sous, cinq sous, une cenne:** ne pas valoir tripette.

Souffler: gonfler un pneu ou quelque chose de gonflable.

Souffleuse: le chasse-neige qui aspire la neige et qui la recrache par un canon orienté vers le haut et le côté. En ville, un camion roule à côté de la souffleuse pour réceptionner la neige.

Souper: dîner. Prendre son dîner (repas du soir). Voir *déjeuner* et *dîner*.

Souper-causerie: conférence présentée durant un dîner.

Souper communautaire: chaque convive participe en apportant sa contribution et on partage. Variante: Pot luck [prononcer *poteloc*].

Sous-marin: sandwich fait dans un pain de forme allongée.

Soute: (angl. *suit*) 1 – Tenue, uniforme propre à une catégorie de personnes. Vêtement de travail et/ou de protection contre le froid, la neige, la saleté, etc. Combinaison, salopette, veste et pantalon assortis, etc. 2 – Sous-vêtement masculin d'une seule pièce, à manches et jambes longues, servant notamment à tenir chaud en hiver.

Spa: établissement offrant des soins et des massages pour la relaxation, la beauté et la santé. Lieu de détente souvent luxueux, entre sauna, hammam et salon esthétique. À la mode nordique, certains spas au Québec offrent des jacuzzis extérieurs. À tester quand il fait moins vingt degrés, être plongé en maillot de bain dans une eau chaude bouillonnante au milieu d'une forêt enneigée est une expérience assez réjouissante.

Sparage : simagrée. Grands gestes et agissements excentriques.

Spécial : soldes. Voir *vente* et *rabais.* **En spécial :** en solde, en promotion, à prix réduit. « La Baie fait des spéciaux toute la fin de semaine » (la Baie – équivalent des Galeries Lafayette – fait des soldes tout le week-end). « Je l'ai eu en spécial après les Fêtes » (je l'ai eu à prix réduit après les fêtes de fin d'année). **En spécial au formulaire :** en soldes sur le prospectus. Produits annoncés en solde dans les prospectus publicitaires reçus par la poste ou trouvés à l'entrée des magasins. **Spécial de la semaine :** promotion de la semaine. **Le spécial :** plat du jour au restaurant.

Spère (du) : (angl. *spare*) du stock, des pièces de rechange. **En spère :** disponible, en stock, en rechange.

Spré : (angl. *spray*) Aérosol. Voir *pouch pouch.* **Spré nette :** (angl. *spray*) laque à cheveux. Voir aussi *fixatif.*

Stationnement, parc de stationnement : parking. « Je parque mon châr au stationnement » (je gare ma voiture au parking).

Steak : arrière-train, derrière. **Rester assis sur son steak :** 1 – Ne rien foutre, ne pas faire d'effort, refuser d'agir. « Y'a jusse à s'assir sur son steak, ça se fait toute seul » (y'a rien à faire, ça se fait tout seul). 2 – Être trop satisfait de soi. **Steak de jobber, des pauvres :** (vieilli) la mortadelle, appelée saucisson de Bologne au Québec.

Steamé : (angl. *steam*) cuit à la vapeur. « Tu prendras ton rôteux steamé ou toasté ? » (tu le veux à la vapeur ou grillé ton hot-dog ?)

Steppette : petit saut ou petit pas de danse pas franchement gracieux.

Stock : affaires, bagages. « Serre ton stock, faut faire les boîtes » (ramasse tes affaires, faut faire les cartons pour déménager).

Strappe: (angl. *strap*) courroie.

Suce (une): 1 – Une tétine, une sucette pour bébé. 2 – Pédale d'accélérateur, le champignon, ce qui « suce » l'essence. **Peser su la suce**: accélérer, à bord d'un véhicule. Mettre le pied au plancher. S'emploie aussi au figuré quand on se dépêche en courant.

Sucette: (faux ami) suçon. Voir *suçon.*

Suceux: lèche-cul.

Suçon: (faux ami) sucette. Voir *sucette.* Le grand moment de consommation des suçons c'est Halloween.

Sud: le Mexique, Cuba, la Floride et les Îles Dominicaines sont des destinations très prisées par les Québécois, notamment pour faire une pause soleil au cœur de leur interminable hiver.

Suisse (un): petit rongeur de la famille des écureuils, au pelage rayé, vivant en Amérique du Nord. *Tic* et *Tac* de Walt Disney sont sans doute les deux suisses américains les plus célèbres des dessins animés.

Suite: bureau (le lieu), dans une adresse professionnelle. « Rue University, bâtiment Le Central, suite 702 » (rue University, bâtiment Le Central, bureau 702). Le numéro de la suite indique aussi l'étage, ici il s'agit donc du septième étage. Le mot suite est de moins en moins utilisé au profit du mot bureau.

Suiveux: qui fait tout ce qu'on lui dit de faire. Gang de suiveux (troupeau de moutons).

Sul: sur le. « Yé assis sul banc. »

Sunday: le sunday est une sorte de crème glacée qui se vend principalement dans les *bars laitiers.* Les Québécois ont des racines européennes, certes, mais ils sont aussi très américains ainsi, la « cerise sur le gâteau » de l'Ancien Monde est devenue « cerise sur le sunday » en Nouvelle France!

Supporter: (angl. *to support*) encourager. Les supporters français encouragent mais quand il faut supporter la défaite de leur équipe, ça décourage!

Supposé : (angl. *supposed to*) (faux ami) sensé. En France, quand on est supposé faire quelque chose c'est une hypothèse, il n'y a pas de certitude. Au Québec on s'attend à ce que la chose soit faite, c'est presque comme si c'était réglé. « C'est Gilles qu'est supposé d'apporter les bières » (c'est Gilles qui doit apporter les bières). « C'est pas s'posé faire ça » (ça ne devrait pas faire ça).

SQ, Sureté du Québec : police provinciale du Québec.

Swing la bacaisse (ou la bacaize) dans l' fond d' la boîte à bois : expression profondément marquée dans l'inconscient collectif des Québécois et tirée d'une chanson traditionnelle chantée par le *violoneux* dans les *cabanes à sucre* lors des *sets carrés*. Elle signifie à peu près : virevolte la grassouillette au fond du buffet. Se dit notamment quand on voit une grosse dame danser dans une soirée.

Switch (la) : (angl). 1 – Interrupteur. 2 – Aiguillage.

Switcher : changer, interchanger, intervertir. Le Québec est une province bilingue, français/anglais. Quand un Québécois passe d'une langue à l'autre (parfois dans une même phrase), on dit qu'il switche.

Sympathie(s) : 1 – Condoléances. « Les gens intéressés à envoyer un message de sympathie aux proches de l'agent décédé peuvent écrire au journal. » 2 – Compassion pour le malheur des autres. **Carte de sympathie(s) :** carte pour présenter ses condoléances.

Sympatique : 1 – Qui manifeste de la sympathie, de la compassion pour les autres. 2 – Qui est en accord avec, favorable à quelque chose.

Système : 1 – Le corps humain dans ses fonctions physiologiques. 2 – Appareillage, dispositif, réseau. **Système de son :** 1 – Ensemble d'appareils assurant la sonorisation d'un spectacle, d'un lieu. 2 – Chaîne hi-fi, sono, stéréo. **Système de video :** 1 – Ensemble d'appareils permettant l'enregistrement et la reproduction d'images et de sons. 2 – Cinéma maison, home-cinéma, en « bon » français de France ! **Tomber sur le système à quelqu'un :** taper sur le système.

TU

Taouin : idiot. Décidément, pour désigner ou insulter les imbéciles au Québec, il y a l'embarras du choix côté vocabulaire ! Serait-ce qu'on y trouve une plus forte concentration de nigauds ? Gageons qu'ils ne sont pas tous Québécois et que cette terre d'accueil multiethnique possède des *tarlais* de toutes nationalités.

Tabagie : bureau de tabac, presse. Plus souvent il s'agit d'un *dépanneur* qui vend du tabac.

Tabarnak : (religieux *tabernacle*) (très très grossier) juron, blasphème. « Aweye mon tabarnak viens icite crisse de bâtard, mâ t'sacrer dans l'banc d'neige ! » (allez enculé amène-toi sale bâtard, je vais te foutre dans une congère !) Sans doute le *sacre* le plus important et le plus apprécié, de par sa sonorité qui claque et permet un soulagement de la colère efficace. Il semblerait qu'on le réserve pour les grandes occasions, les vraies rages, en ultime défouloir. Si, avec la plus grande inconscience, il vous prenait de vous y essayer sur un Québécois, choisissez-le petit et chétif. « On s'en tabarnak » (on s'en fout). Euphémisme : tabarouette, tabarnouche, tabouère. Si le Français ne saisit pas toutes les nuances de ces euphémismes, au moins pourra-t-il chanter, en amateur de bons vins : c'est tabouère, tabouère, tabouère qu'il nous faut !

Tag ou bitche ? : pile ou face ?

Tanné : 1 – Agacé, excédé. 2 – En avoir marre, être lassé, fatigué, désabusé, déprimé. Exprime un ras-le-bol plus ou moins intense selon le contexte. « J'suis tanné au boutte de ses reproches continuels » (je ne supporte plus ses reproches continuels). « Je suis tanné de magasiner toutes les fins de semaine, on peux-tu faire aut'e chose ? » (j'en ai ras le bol de faire du shopping tous les week-ends, on ne peut pas faire autre chose ?)

Tanant : 1 – Agaçant, énervant, irritant, déplaisant. 2 – Pénible, chiant, fatiguant. « A l'air cute mais pour vrai, c'est une petite tannante » (elle a l'air mignonne mais en fait, c'est une casse-pieds).
Tantôt : tout à l'heure. « On se voit tantôt. » « On s'est vu tantôt. »

Tape [prononcer *taïpe*] : (angl. *scotch tape*) scotch, ruban adhésif. Les Français ont gardé le scotch et les Québécois ont pris le tape, encore qu'ils peuvent aussi dire « scotch tape ».

Tarla : idiot, sot, imbécile. Vous n'irez pas dire qu'on ne vous a pas donné assez de vocabulaire pour vous défendre si jamais on vous traite de *maudits français* sur les terres québécoises ! **Faire le tarla :** agir en idiot, en imbécile. C'est ce que font certains Français qui arrivent au Québec en terrain conquis, croyant tout savoir des « cousins » d'Amérique et leur donnant des leçons sur la façon de parler le français. Certains Québécois ne sont pas plus malins quand ils reprochent aux Français leurs anglicismes alors qu'eux-mêmes sont pétris de termes francisés qui passent plus inaperçus mais n'en sont pas moins anglais. Et si, pour changer, nous relevions plutôt les nombreux termes français présents dans la langue anglaise ?

Tasser : se ranger, se pousser, s'en aller. « Tasse-toé ded'là, awèye, fa d'l'air ! » (pousse-toi, allez, fais de l'air).

Tata : (dans le langage enfantin surtout) 1 – Formule de salutation pour prendre congé. 2 – Geste de salutation fait avec la main. Envoyer des tatas, faire un beau tata à quelqu'un. **Faire tata :** 1 – Dire au revoir. 2 – Saluer en agitant la main. **Un tata :** (souvent utilisé en insulte) 1 – Personne dont la bêtise, l'allure ou le comportement prête au ridicule. « Espèce de grand, de gros tata ». Un tata qui envoie des tatas à n'importe qui est tout de même un peu tata ! (Un idiot qui envoie des signes de la main à n'importe qui est tout de même un peu ridicule !)

Té : tu es.

Tenir de peur: ne pas être solide. « Accote-toé pas là-déssus, ça tient de peur » (ne t'appuie pas là-dessus, ça tient par l'opération du Saint-Esprit).

Terminus d'autobus: gare routière.

Tête carrée: insulte réservée aux anglophones, souvent utilisée au pluriel. « Les hosties d'têtes carrées qui disent qu'y z'apprécient la culture et la bouffe française pis viennent brailler qu'on leur impose nôte langue pis qu'on les pousse à l'exil! »

Téteux: lèche-cul. Sachant que généralement c'est le sein que l'on tète, alors qu'on peut lécher toute sorte de choses, du Québec ou de la France, si la langue était littérale, quel serait le fayot le plus *chanceux*? À chacun selon ses préférences!

Ticket [prononcer *tiquette*]: procès-verbal. « J'ai stationné sur la rue Peel pis j'ai pogné un tiquette. » Avoir un ticket avec quelqu'un n'est donc pas aussi prometteur qu'en France!

Ti-coune: niaiseux. « Fait pas le ti-coune » (fait pas l'idiot).

Tiguidou!: parfait! « Ça marche-tu? C'est tiguidou! »

Tip: (angl.) pourboire. Quand vous allez au restaurant le prix du menu n'inclut ni le service (+ 15 %), ni les taxes (+ 15 %), ce qui tout compris, peut transformer une note raisonnable en une note salée. Voir *TVQ, TPS.*

Tipper: (angl. *to tip*) donner un pourboire. On tippe beaucoup au Québec, dans les bars et les restos, chez le coiffeur ou le masseur, dans le taxi, etc. Le touriste français est réputé pour plutôt mal tipper, voire ne pas tipper du tout, peut-être parce qu'il a mal lu ses guides touristiques et qu'il ignore cet usage, laissons-lui le bénéfice du doute. Il arrive alors parfois qu'un serveur ou une serveuse informe le touriste à l'accent français que le service n'est pas compris et aille même jusqu'à préciser le pourcentage pratiqué.

Tiraille: parties filandreuses d'un morceau de viande. Viande filandreuse, coriace. Utilisé généralement au singulier. « Coudon, y'a-tu d'la viande avec la tiraille? » « T'as-tu fini d'bardasser l'monde pis t'astiner, qu'est-ce t'as mangé? — D'la tiraille! » (Tu as fini de rudoyer les autres et de leur prendre la tête, qu'est-ce que t'as mangé ? — D'la viande enragée !)

Tire-bines : sarbacane. Variante : tire-pois. Voir *bines.*

Tire, tire d'érable : sirop d'érable chaud que l'on étale sur la neige puis qu'on enroule autour d'un bâtonnet quand il commence à se figer pour faire une sucette. La période de la tire commence en mars, à cette occasion les Québécois vont à la *cabane à sucre.*

Tirer une bûche : s'asseoir. « Tire-toé une bûche » (viens t'asseoir).

Tirer une butt : (angl. *butt*) tirer un coup.

Toast dorée (une) : pain perdu. Tranche de pain trempée dans de l'œuf et du lait puis frite à la poêle.

Toasté : grillé. **Hostie toastée :** juron, blasphème. Faut vraiment lui en vouloir à la religion pour détourner ses termes en grossièretés et en plus les faire griller… C'est l'enfer !

Toasteur : (angl. *toasteur*) grille-pain.

Toasts (Y aller aux) : 1 – Faire quelque chose avec empressement, exagération. 2 – Souligner que quelque chose est mené rondement. « Ça y va aux toasts ! »

Toé : toi.

Toffe : (angl. *tough*). 1 – Dur, ardu, difficile. C'est toffe. 2 – Fort physiquement ou émotionnellement, solide, capable de tenir tête aux situations difficiles. « T'as jamais la chienne toé, t'es faite tough » (tu n'as jamais la trouille toi, t'es solide). Voir *roffe.*

Toilette : WC. Toujours au singulier. « Aller à la toilette » (aller aux toilettes). Avec une franche pointe de persiflage les Québécois expliquent que si en France on dit *les* toilettes « c'est parce qu'il faut en faire plusieurs avant d'en trouver une propre ! » Le mot WC n'est pas utilisé au Québec. Voir *salle de bain.* **Le bol de la toilette :** (angl. *toilet/lavatory bowl*) la cuvette des toilettes. Quand un Français dit « je n'ai pas de bol », est-ce que le Québécois va pisser dans le jardin ? À Tester ! À noter que le Québécois ne tire pas la chasse, il flushe.

Tôlé : être complètement fauché, n'avoir pas un sou sur soi. « J'ai pas une tôle » (je n'ai pas une tune). Le Français pourrait également dire « je suis dans la dèche », mais s'il a lu le commentaire écrit sous le mot *dèche* il sait que le sens est non seulement différent pour le Québécois mais aussi particulièrement vulgaire alors s'il est un tant soit peu poli, il évitera ! Voir *dèche*.

Tolérer : supporter. « C'est d'valeur qu'les gâ français s'rasent pas les gosses, j'tolère po l'poèl » (c'est dommage que les Français ne se rasent pas les testicules, je ne supporte pas le poil). Sur le plan de l'hygiène, et des poils en particulier, les Nord-Américains sont plus tatillons que les peuples latins. Les Québécois, élevés aux films français de la Nouvelle Vague, là où les filles avaient encore l'aisselle poilue, se moquent de la pilosité des Françaises, exactement comme les Français se moquent des Portugaises. Mais ça ne s'arrête pas là. Sans être obsédés par la propreté comme leurs voisins des États-Unis, beaucoup de jeunes Québécois n'en sont pas moins adeptes du rasage presque intégral. Ces dames n'abordent plus qu'une fine ligne de poils pubiens. Ces messieurs s'épilent le dos si besoin, le torse éventuellement et se rasent les testicules, pour la douceur, l'augmentation des sensations et le respect de celles et ceux qui s'y aventurent. Une marque de rasoirs a même lancé un nouveau modèle capable de raser tout ce que vous avez à raser, en montrant des kiwis et autres fruits ou légumes poilus et évocateurs.

Tombe : (faux ami) cercueil. Une tombe se dit crypte ou caveau.

Tomber en amour : (angl. *fall in love*) tomber amoureux. **Être en amour :** (angl. *to be in love*) être amoureux.

Toton, teton : 1 – Imbécile, peu ou pas dégourdi, con, stupide. « J'y d'mande mes œufs au miroir y m'amène des œufs brouillés, espèce de gros toton ! » (je lui demande des œufs sur le plat il me sert des œufs brouillés, crétin !) Être, avoir l'air toton. 2 – Bête, stupide (pour une chose). « C'est assez toton c'te vue-là ! » (c'est vraiment stupide ce film-là !) Un geste toton.

Totton : (faux ami) désigne tout le sein. « Tchèque-moé la pitoune avec son rackadjo qui lui r'monte les tottons dans l'nez ! » (Mattemoi le canon avec son soutif qui lui remonte les seins dans le nez !)

Toune : (angl. *tune*) tube, chanson populaire.

Toupet [prononcer *toupette*] : frange, pour les cheveux.

Tourner les coins ronds : faire les choses de manière bâclée.

Tourtière : tarte recouverte d'une abaisse dans laquelle mijote au four un mélange généralement composé de porc, veau et bœuf ou de gibier et de pommes de terre coupées en petits morceaux. La vraie tourtière vient du Lac-Saint-Jean et fait la fierté de ses habitants qui vous diront que tout le reste n'est que pâté chinois (sorte de hachi parmentier composé de bœuf haché, de maïs en grains ou en crème et de pommes de terre en purée, disposés en couches superposées). « Une assiettée de tourtière de famille à l'orignal » (une portion de tourtière faite maison à l'orignal). N'en déplaise à la tradition, aujourd'hui on trouve des tourtières à tout (poisson, fruits de mer, légumes, fruits, etc.) C'est même une excellente façon de rendre les restes présentables. Variante : paté à la viande.

Trail (la) : (angl.) sentier, chemin. **Trail d'orignal :** chemin créé par le passage des orignaux. Voir *orignal*.

Transfert : ticket de correspondance entre bus et métro pour ne pas avoir à payer deux fois pour un seul trajet nécessitant les deux moyens de transport.

Travailler d'arrache-poil : travailler d'arrache-pied. Décidément, le Québécois semble mal *tolérer* le poil !

Traversier : ferry, bac. Sert au transport d'une rive à l'autre d'un fleuve, d'un lac, d'un bras de mer aux côtes peu éloignées.

Trempe : trempé, mouillé. « Y mouille à siaux, chu tout trempe » (il pleut abondamment, je suis trempé).

Trempette : 1 – Eau d'érable épaissie par évaporation mais n'ayant pas encore atteint la concentration en sucre du sirop d'érable. 2 – Pain trempé dans de l'eau d'érable bouillante commençant à s'épaissir. Faire une trempette. 3 – Tranche de pain trempée dans de la crème, du lait, et recouverte de sucre d'érable, de cassonade ou de sucre blanc. 4 – Fête où on déguste de la trempette. 5 – Sauce assaisonnée à base de mayonnaise, de crème sure, de fromage cottage, de ricotta, de fromage à la crème ou de yogourt, dans laquelle on trempe des crudités, des chips ou des natchos. Consommé en apéritif, en hors-d'œuvre ou en collation. À noter que le fromage blanc n'existe pratiquement pas au Québec. Le choix de fromages frais est vaste mais il y a peu de desserts lactés (rien à voir avec l'abondance française) et la plupart sont à base de gélatine. Leur consistance ressemble un peu à certains yaourts au soja. Le marché ouvrant peu à peu ses frontières, les crèmes brûlées, les crèmes caramel, la faisselle et autres gourmandises, commencent à apparaître lentement sur les étals. Il faut avoir immigré pour comprendre à quel point la France est un pays de grande bouffe. Les étrangers disent que le monde mange pour vivre alors que le Français vit pour manger… il suffit de faire un tour dans les grandes surfaces de part et d'autre pour comprendre, même si l'offre évolue significativement au Québec depuis ces derrières années, qu'il n'y a pas de fumée sans feu!

Trente-six (être sur son): être sur son 31. Pourquoi les Québécois ont-ils 5 points de plus que les Français? Est-ce parce qu'ils sont plus chics ou qu'il leur en faut plus pour être élégants? Gageons que chacun trouvera son explication selon le côté de la mer où il se trouve!

Track: (angl. *railtrack*) voie ferrée.

Triplex: maison composée de 3 appartements. Voir *duplex*.

Trippant: excitant, amusant, génial. « L'nouveau manège à la Ronde, yé trippant, ça pâs d'allure! » (le nouveau manège au parc d'attraction de la Ronde, il est génial, c'est du délire!).

Tripper: (angl. *to trip*) s'amuser, s'éclater. « Tu trippes-tu? » (tu t'amuses?) « Ça trippe fort! » (on s'éclate!). **Badtripper:** (angl. *bad trip*) paniquer, souffrir, être dans tous ses états. **Être sur un trip:** poursuivre un objectif peu réaliste.

Trock: (angl. *truck*) camion. **En avoir plein le trock:** en avoir ras le bol. « J'en ai plein mon trock » (j'en ai assez, j'en ai plein la tête).

Trou (avoir le trou d'cul en déssous du bras) : être épuisé. **Péter plus haut que le trou :** péter plus haut que son cul. Être prétentieux, snob, se croire au-dessus des autres. Voir *broue (péter de la).*

Trouble : (angl.) problèmes, complications. « C'est trop de trouble » (c'est trop compliqué, ça crée des ennuis). **Être dans le trouble :** avoir des problèmes, des complications.

Truster [prononcer *troster* ou *treuster*] : (angl. *to trust*) faire confiance. « J'truste pas les politiques, à part fourrer l'monde y'a rien qui les intéresse » (je ne fais pas confiance aux politiques, à part entuber les gens, y'a rien qui les intéresse).

Tsé : tu sais.

Tu : qu'ils parlent à leurs enfants, à un vendeur, à des clients, à leur patron ou à un total étranger, la majorité des Québécois emploient le tutoiement. Hérité de la langue anglaise (you) qui n'a pas de vouvoiement, le tutoiement est généralisé. Dans certains milieux cependant (celui des affaires par exemple), le vouvoiement s'emploie de plus en plus.

-Tu : suffixe placé après le verbe à la forme interrogative. Le deuxième *tu* signifie *est-ce que.* « Tu m'aimes-tu ? ». « Y viens-tu au parté a souère ? » (est-ce qu'il vient à la fête ce soir ?) « Ça s'peut-tu ? » « C'est-tu vrai ? » « Chu-tu tu seul ? »

Tuile : carreaux de céramique, carrelage. « Il a brisé une tuile du plancher en laissant échapper son verre » (il a cassé un carreau du sol en laissant tomber son verre).

Tuque : bonnet. **Attacher sa tuque, son casque :** se tenir sur ses gardes. Être averti, prêt à toute éventualité. « Attache ta tuque, je lâche la traîne sauvage, tu vas glisser à l'épouvante ! » (Tiens-toi prêt, je lâche la luge, tu vas glisser à toute vitesse !). Voir *tuque* et *casque.*

Turluter : fredonner. Je vois déjà le sourire grivois du Français qui s'efface ! Mais qui sait ce qui fait turluter un Québécois ? Une turlutte française bien menée peut-être ?

Tusuite : tout de suite.

Tuxedo [prononcer *toxedo*] : (angl.) smoking. Les Québécois reprochent aux Français d'utiliser trop de mots anglais et les

Français rigolent des francisations québécoises, mais même quand on use franchement de la langue anglaise d'un côté et de l'autre on n'arrive pas à se mettre d'accord !

TV [prononcer *tivi*, parfois *tévé*] : télévision. **Monter, baisser la TV :** augmenter, diminuer le volume du téléviseur. **TV-dinner [prononcer *tévé-dineur*] :** repas vendu congelé en portion individuelle.

TVQ, TPS : équivalent de la TVA française. La Taxe sur les Ventes du Québec (7,5 %) est perçue par la Province et la Taxe sur les Produits et Services (6 %) revient au gouvernement fédéral. Par souci de transparence, les taxes ne sont pas incluses dans les prix affichés, je vous laisse imaginer comme c'est pratique ! Pour les petites sommes le calcul est facile, mais si vous achetez un réfrigérateur, la somme à ajouter n'est plus négligeable, alors quand vous commandez une cuisine aménagée sur mesure ou une nouvelle voiture, mieux vaut y penser et savoir compter.

Twit : (angl.) Stupide, idiot. « Hey l'twit ça d'l'air que c'est toé l'trou d'cul qu'à poussé ma blonde ! Ma t'peuter ta gueule de chien sale à coups d'pied dans a face mon câlisse ! » (Hey l'débile c'est toi le trou du cul qui a poussé ma copine ! Je vais t'éclater ta tronche de faux-cul à coup de lattes enfoiré !)

Un, une : les genres sont parfois un peu confus au Québec. Une autobus, une avion, un video, un démo, une gang, une police…

Unifolié : drapeau canadien (avec une feuille). **L'Unifolié :** le Canada.

Un m'ment d'né : contraction orale de l'expression *à un moment donné*. À comparer aux contractions françaises *chuis* (je suis), *chaipa* (je ne sais pas), etc. « C'est ben beau d'attendre mais un m'ment d'né t'es tanné ! » (c'est bien beau d'attendre mais à un moment donné tu en as marre).

Usagé : (angl. *used*) 1 – D'occasion. « Un châr usagé » (une voiture d'occasion). 2 – Objet de seconde main, qui n'est pas neuf.

Ustensile : (angl.) couverts (couteau, fourchette, cuillère, etc.).

U-turn [prononcer *you-teurne*] : (angl.) demi-tour. Les panneaux de signalisation autorisant ou interdisant le demi-tour affichent une flèche en forme de U. **Faire un U-turn :** faire demi-tour.

Whaou délire, le méga pied ! Le quad c'est top génial !

V W

Vacances de la construction : période de congé annuel (deuxième quinzaine de juillet) dont bénéficient l'ensemble des travailleurs de la construction (du bâtiment). Beaucoup de gens, qui ne font pas partie de ce corps de métier, prennent leurs vacances à ce moment-là car, professionnellement, c'est une période creuse. Les villes sont désertées, on n'y trouve plus que des touristes (où des gens qui n'ont pas les moyens de partir - comme à Paris un quinze août).

Vacher, s'évacher : paresser, flemmarder.

Vadrouiller : (faux ami) balayer. Voir *mope.*

Valeur (c'est d') : c'est malheureux, regrettable, désolant, triste, dommage. « C'est donc ben d'valeur que tu puisses pas venir ! »

Valise : coffre d'un véhicule.

Van (une) [prononcer *vanne*] : (angl.) camionnette, camping-car, minibus, camion, etc.

Varger : rosser, frapper à tour de bras, à coups redoublés. Varger sur le tapis pour le dépoussiérer.

Varger dans le tas : 1 – Frapper de manière incontrôlable. Frapper indistinctement plusieurs personnes à coups redoublés. 2 – Qui assomme, qui est violent. « Musique qui varge ».

Vargeux (c'est pas) : ce n'est pas fameux.

Va-vite (le) : diarrhée. Voir *flux.* Avoir, attraper, donner le va-vite. « J'ai le va-vite alors vous êtes mieux de me laisser aller parce que sinon j'va perdre un beau tas sul plancher » (j'ai la diarrhée alors vous avez intérêt à me laisser passer - aux toilettes - sinon je vais en semer par terre).

Vedge [prononcer *vaidje*] : (angl. *vegetable*) 1 – Quelqu'un de très mou, mollasson, nonchalant, un légume. 2 – Très fatigué.

Vedger : ne rien faire, glander, être passif.

Veillée : soirée. **Veillée au corps :** veillée mortuaire.

Velours (faire un petit velours à quelqu'un) : faire plaisir.

Vendeur (bon) : qui se vend bien, qui s'écoule rapidement. **Meilleur vendeur :** ce qui se vend le mieux. Ce que le consommateur préfère. **Mauvais vendeur :** ce qui se vend mal.

Vendre : vendre son bien, plus particulièrement sa maison, son commerce, pour s'en aller ailleurs, pour faire autre chose.

Vendre (je ne suis pas à) : arrête de me dévisager, de me regarder.

Vente : (angl. *sale*) (faux ami) soldes. « Aujourd'hui chez Jean Coutu, vente de rideaux à des prix défiant toute compétition » (aujourd'hui chez Jean Coutu – équivalent de Monoprix - les rideaux sont soldés à des prix défiant toute concurrence). Profiter des ventes. Courir les ventes. Journée des ventes. Vente anniversaire, annuelle, d'automne, de janvier. Voir *boxing day.* **En vente :** en solde, en promotion. « Les cannes de bines sont en vente » (les boîtes de fèves au lard sont soldées). Variante : vente à rabais. Voir *aubaine.* **Vente à une cenne, à un sou :** l'acheteur obtient deux articles semblables en ajoutant un cent (centième d'un dollar) au prix du premier article. **Vente de garage :** (angl. *garage sale*) vente à bas prix que l'on tient devant sa maison, dans sa cour, dans son garage, pour se débarrasser des objets dont on ne veut plus. Le particulier peut attendre que le quidam passe mais il peut aussi faire de petites affichettes qu'il colle aux poteaux et lampadaires de son quartier pour annoncer sa vente. D'autres mettent une petite annonce dans le journal. « Vente de garage, 27 juin, 10 h à 4 h, Mont-Royal ouest coin Saint-Denis. Articles de ménage, vêtements neufs et presque neufs... » À la belle saison les ventes de garage fleurissent dans les quartiers aussi sûrement que les lilas et les barbecues et sont aussi courues que les vide greniers en France (c'est ce qui s'approcherait le plus d'une vente de garage nord-américaine). **Vente d'entrepôt :** liquidation de marchandises dont on veut se débarrasser pour faire place à de nouveaux arrivages ou qui ont été endommagées lors de l'entreposage. **Vente de liquidation :** liquidation. Variantes : vente de débarras, d'écoulement, vente à sacrifice. **Vente de trottoir :** liquidation qu'un commerçant tient devant son magasin. Chaque année en juillet, la rue commerçante Sainte-Catherine fait sa grande braderie annuelle. Pendant deux jours elle est fermée à la circulation sur plusieurs kilomètres et offre la plus grande vente de trottoir à ciel ouvert du Canada. Cette foire commerciale donne lieu à toutes sortes d'animations. On trouve de tout à vendre, sauf des trottoirs. Publicité mensongère ! **Vente d'inventaire, de fermeture, de faillite, de feu :** liquidation pour cause d'inventaire, de fermeture, de faillite, d'incendie. **Vente finale :** vente définitive. L'objet soldé ne sera ni repris, ni échangé, ni remboursé.

Veste d'habit : gilet.

Veut veut pas : qu'on le veuille ou non. Exprime le fait qu'on n'a pas le choix, que c'est ainsi, que c'est la vie, la fatalité. « Veut veut pas, t'ai t'obligé d'faire ta déclaration de revenus pis t'as pas l'choix d'payer » (que tu le veuilles ou non tu es obligé de faire ta déclaration d'impôt et tu dois payer).

Viarge ! : (religieux *vierge*) juron, blasphème. « Voyons, bout de viarge, vas-tu finir par accoucher qu'on baptise ? » (alors, bon dieu, vas-tu finir par dire ce que tu as à dire ?) « Awèye viarge de bon yeu, dépêche-toé ! » (allez bon sang de bon dieu, dépêche-toi !) « Ha ben bout'd'viarge, où cé qu'j'ai mis ma sacoche ? »

Vidanges : poubelles, déchets, ordures ménagères. Sortir les vidanges. Mettre les vidanges à la rue. **Camion à vidanges :** benne à ordure. **Sac à vidange :** sac-poubelle. **Vidangeur :** éboueur.

Violonneux : violoniste dans les soirées dansantes, folkloriques.

Virer: (nautique) tourner. « C't'un one way, faut virer à droite à la prochaine lumière » (c'est un sens unique, il faut tourner à droite au prochain feu). Le Saint-Laurent ayant été la principale voie de communication pendant des siècles, certains termes viennent du vocabulaire marin et nautique. **Aller virer à:** aller à (très loin). **Virer à la dépense:** faire des dépenses importantes, dépenser de façon inhabituelle. **Virer bien ou mal:** marcher, fonctionner bien ou mal. **Virer boutte pour boutte:** 1 – Faire un tête-à-queue en voiture. 2 – Changer radicalement de point de vue, passer dans l'autre camp, retourner sa veste. **Virer de bord:** 1 – Changer de direction, de sens. 2 – Changer d'avis, de position, d'attitude, passer dans l'autre camp. Voir *r'virer.*

Visite (la): la famille et les amis qui viennent chez vous. « Je reçois d'la visite à soir, mon cousin René qui fait jusse à s'garocher su é pinottes pis sa mère qui m'tombe su é nerfs » (j'ai de la famille ce soir, mon cousin René qui se jette sur les cacahuèes et sa mère qui m'exaspère). Voir *bonjour la visite!* **Visite (la grande):** personne importante ou qu'on n'a pas vu depuis longtemps et qui nous honore de sa présence.

Visou: 1 – Perspicacité, flair. 2 – Habileté à viser juste, adresse à tirer droit sur une cible. C'est bien beau de tirer juste mais on vise où? **Avoir du visou:** avoir l'œil, viser juste.

Vivoir: salon. Pièce d'une habitation qui est le centre des activités familiales et sociales. Ça peut-être une pièce spécifique qui est à la fois salle de jeu, avec un billard par exemple, salle de cinéma-maison (home cinema), lieu de lecture, de détente, etc. « Pour pouvoir écouter tranquillement la tévé qui est dans le vivoir qui communique avec la salle à dîner, on a mis des portes françaises entre les deux » (Pour pouvoir regarder tranquillement la télé qui est dans la salle commune qui communique avec la salle à manger, on a mis des portes vitrées à petits carreaux entre les deux).

Vlimeux: 1 – Rusé. Qui fait ses coups en douce, par en dessous. Malfaisant, venimeux. 2 – Taquin, farceur, coquin. **Un p'tit vlimeux:** un petit diable, pour les enfants.

Voir quelqu'un dans sa soupe : être obsédé par quelqu'un. Sacré égocentrisme ou méchante schizophrénie car si on y réfléchit, quand on se penche sur sa soupe n'est-ce-pas notre propre reflet que l'on voit ?

Voyage (bureau de) : agence de voyages. **J'ai mon voyage :** 1 – J'en ai marre, ras le bol. Ça suffit ! 2 – J'en reviens pas, c'est incroyable, c'est extraordinaire ! 3 – J'aurais tout vu ! **Voyagement :** petit voyage, trajet, déplacement, allées et venues.

Voyons don ! Ben voyons don ! : ça m'étonne ! Je ne te crois pas !

Vue (une) : un film au cinéma ou à la télé. Entre *écouter un film* et voir une vue, ils sont un peu spéciaux avec les images qui bougent les Québécois ! **Aller aux vues :** Aller au cinéma. Le mot est de moins en moins usité au profit de film. Ceci dit, « film » veut surtout dire pellicule pour un Québécois. Mais comme cette dernière tend à disparaître avec les appareils photos numériques, il va bien finir par y avoir un peu de cohérence dans tout ça !

Washeur : (angl. *washer*) joint pour robinet (rondelle de caoutchouc ou de métal).

Watcher : (angl. *to watch over*) 1- Surveiller, regarder, zieuter. 2- Faire attention. « Watche-toé ! » (Attention ! Fais gaffe !)

Wet-sout : (angl. *wet-suit*) combinaison de plongée.

Wô ! : arrête(z) ! « Hey wô bonhomme, ça va faire là ! » (Hey arrête mon gars, ça suffit !). **Wô wô wô, wô les moteurs ! :** du calme !

Wrench : (angl.) clé-anglaise, à molette.

Arrête donc de voler
dans tous les sens,
tu vas finir par claquer.

YZ

Y: il, on. Ils, elles.

Yâb: diable.

Y a ça: il y a de ça, c'est en partie à cause de ça.

Y'a du monde à la messe: il y a beaucoup de monde, il y a foule. « Y'avait du monde à la messe au festival de jazz. »

Y â rien là: cela n'a rien d'extraordinaire. « Mon chien m'apporte mes gougounes. — Y a rien là, tous les chiens font ça » (Mon chien m'apporte mes sandales. — Ça n'a rien d'extraordinaire, tous les chiens font ça).

Y'é: il est. **Y'é-tu:** est-ce qu'il est. « Y'é-tu Français lui avec son accent pointu? »

Yeule: bouche, mâchoire, visage. Gueule.

Yienque: rien que.

Yoghourt [prononcer *yogour*] : (Turc) yaourt. Le mot yaourt n'est pas utilisé au Québec.

Y'ont: ils ont.

Zarzais: 1 – Personne simple d'esprit, qui manque d'intelligence, qui n'est pas dégourdie. Un zinzin quoi! 2 – Qui paraît bizarre, qui a l'air fou (pour une chose, un événement, une situation). 3 – Dadais.

Zigonner: 1 – Mettre du temps et de l'énergie à essayer de venir à bout de quelque chose. Se donner de la peine, avec plus ou moins d'adresse, pour remettre quelque chose en état, généralement sans y parvenir. Ne pas savoir s'y prendre, faire n'importe comment. Travailler inefficacement. « Ça fait deux jours qu'y zigonne après c't'affaire là pis a pas l'air d'en venir au boutte. Il a les mains pleines de pouces » (Ça fait deux jours qu'il s'obstine à réparer ce machin et il n'a pas l'air d'y arriver. Il est maladroit). 2 – S'occuper activement à divers petits travaux. « Si tu cherches Chantal, elle est à zigonner dans le jardin ». 3 – Chercher à faire pénétrer, à faire tourner une clé dans le trou d'une serrure, le plus souvent en vain. Insister avec une clé dans la serrure d'une porte, secouer et donner des coups dans une porte pour la forcer à s'ouvrir. « Coudon ! Va-t'y cesser son bardassage ! Y zigonne après sa porte depuis dix minutes, y'é rond comme unc bine ! » (Bon sang ! Il va arrêter son tapage ! Il traficote sa serrure depuis dix minutes, il est complètement ivre !) 4 – Glander, ne rien faire qui vaille, flâner, traîner, lambiner. Perdre son temps. Tergiverser, hésiter pour des raisons futiles, sans intérêt.

Zigonneux : 1 – Personne qui zigonne. 2 – Mauvais joueur de violon. 3 – Manipulateur, tripoteur.

Zip, zipper [prononcer *zippeur*] : (angl.) fermeture éclair. **Monter, baisser un zipper :** fermer, ouvrir une fermeture éclair. Variante : zipper pour fermer, dézipper pour ouvrir [prononcer *zippé, dézippé*]. « Zippe ou dézippe ton sleep » (Ferme ou ouvre la fermeture éclair de ton sac de couchage).

Zucchini : courgette.

Zou : zoo, dit à l'anglaise. Et c'est ainsi que se termine cet aperçu de la richesse poétique du parler québécois. Allez zou !

À Wilfrid

Remerciements :

À Mario St-Jean pour la clarté de ses précisions et la générosité de son amitié.

À Jacques Pasquet pour m'avoir donné de son temps et des conseils avisés qui ne me feront plus jamais oublier la poésie des battures et les chansons « tabouère ».

À Francine Caron pour sa bienveillance.

À Wilfrid pour sa patience et son soutien.

À Cécile pour son enthousiasme.

À ma grand-mère, tout spécialement.

À Cyril pour la mise en forme de ce livre.

À Joëlle, Martine, Joëlle et Gilbert, GASF.

À Xavier, mon éditeur, qui me permet de partager avec les lecteurs mon intérêt souvent jubilatoire pour ce français un peu particulier.

Enfin à Stéphane et Magali de Nantes, en clin d'œil et juste retour des choses.

Si vous souhaitez écrire à l'auteure, envoyez-lui un mail à :
claire.armange@gmail.com

Achevé d'imprimer
à la Saint Crépin MMVII
sur les presses de
l'Imprimerie des Olonnes
pour le compte des Éditions D'Orbestier
Le Château d'Olonne
Vendée - France

Crédits photographiques :≤
p. 4 : © Claire Armange.
Autres crédits : Fotolia.com
p.10 : © Tomasz Trojanowski; p. 28 : © David Granville; p. 46 : © freeman; p. 74 : © cynoclub; p. 82 : © Lisa F. Young; p. 92 et 168 : © Remco Rutten; p. 110 : © Buddhadl; p. 116 : © Stephen Meese; p. 128 : © Kirill Zdorov; p. 158 : © Norbert Judkowiak; p. 164 : © Nick Biemans.